汽车维修工入门

周晓飞 主编

全程图解

化学工业出版社

·北京·

图书在版编目（CIP）数据

汽车维修工入门全程图解／周晓飞主编．－－北京：化学工业出版社，2014.7（2024.1重印）
ISBN 978-7-122-20525-4

Ⅰ．汽⋯　Ⅱ．①周⋯　Ⅲ．①汽车－车辆修理－图解　Ⅳ．①U472.4-64

中国版本图书馆CIP数据核字（2014）第083395号

责任编辑：黄滢　陈景薇　　　　　装帧设计：王晓宇
责任校对：蒋宇

出版发行：化学工业出版社
　　　　　（北京市东城区青年湖南街13号　邮政编码100011）
印　　装：三河市延风印装有限公司
850mm×1168mm　1/32　印张 9$\frac{1}{2}$　字数229千字
2024年1月北京第1版第16次印刷

购书咨询：010-64518888
售后服务：010-64518899
网　　址：http://www.cip.com.cn
凡购买本书，如有缺损质量问题，本社销售中心负责调换。

定　　价：29.00元　　　版权所有　违者必究

《汽车维修工入门全程图解》编写人员

主　　编　周晓飞

编写人员　周晓飞　万建才　宋东兴

　　　　　赵　朋　赵小斌　李新亮

　　　　　边先锋　刘振友　彭　飞

　　　　　李飞霞　王立飞　温　云

　　　　　梁志全　董小龙　李飞云

　　　　　张建军

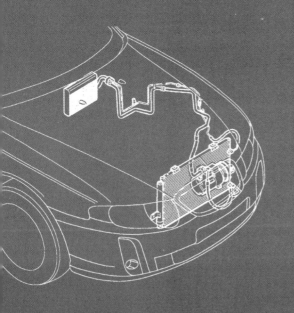

前言
FOREWORD

曾经发生过这样一个真实的故事：汽配城一个小修理店有一个学徒工。一天，他的舅舅，也就是店老板，给他买了3本汽修的书，其中2本是我主编的，学徒工不认识我，但店老板熟悉。慢慢地，我了解到，这个学徒工很勤恳，也很好学。再后来，我发现这个踏实的学徒工不见了。老板告诉我："他看了你编的书，有些内容看不懂，为此，家里给找了个汽修学校上学去了。没有基础，看书学习都费劲，学不扎实"。

听完店老板的话，我的心情很沉重。当时我就想，应该专门给初入门学习汽修者提供更合适的学习书籍，从零开始，从最基础的操作开始，这样才有利于他们的成长。

作为一名比较老练的汽修工，我有责任将自己的经验和技能传授给初学者，所以，第一次试着专门针对从零开始学习的维修工，编写了这本《汽车维修工入门全程图解》，希望他们能从中受益。

因为笔者能力有限，书中或许还有不妥的地方，恳请广大读者批评指正！

周晓飞

目录 CONTENTS

第一章 走进车间 CHAPTER 1

第一节　了解基本维修设备　/ 02

一、常用维修工具　/ 02

二、维修量具　/ 11

三、万用表的使用　/ 17

第二节　认识汽车零部件　/ 21

一、汽车主要组成部件　/ 21

二、发动机　/ 22

三、底盘　/ 30

四、电气设备　/ 54

第三节　了解车辆维修养护周期　/ 55

一、发动机维修养护周期　/ 55

二、变速器维修养护周期　/ 57

三、制动系统维修养护周期　/ 57

四、车轮和转向系统维修养护周期　/ 58

第四节　车辆维修中的禁忌和警告　/ 59

第二章 初步入门维修 CHAPTER 2

第一节　例行检查和常规保养　/ 66

一、发动机机油油位检查　/ 66

二、ATF 检查　/ 67

三、制动液检查　/ 69

四、转向助力油的检查 / 70
五、冷却液的检查 / 71
六、蓄电池的检查 / 73
七、火花塞的检查 / 74
八、常规保养 / 75
第二节 常见简单零部件更换 / 83
一、拆装电动燃油泵 / 83
二、拆装节气门 / 86
三、拆装进气歧管 / 88
四、拆装排气管 / 90

五、更换前制动片 / 92
六、更换后轮盘式制动片 / 94
七、更换后轮轴承 / 97
八、更换转向拉杆球头 / 99
九、更换转向机护套 / 100
十、拆装转向拉杆 / 103
十一、拆装前减振器 / 104
十二、拆装皮带轮 / 109
十三、更换发电机 / 111
十四、更换启动机 / 113

第三章 系统的入门维修

CHAPTER 3

第一节 总成件和零部件的更换 / 116
一、拆卸机油泵 / 116
二、更换喷油器 / 117
三、更换节温器 / 119
四、更换转向机 / 120

第二节 发动机拆解 / 124
一、从车辆上拆下发动机 / 124
二、拆卸汽缸盖 / 133
第三节 离合器更换 / 137
一、拆卸离合器 / 137
二、安装离合器 / 139

第四章 进阶的入门维修

CHAPTER 4

第一节 发动机大修和装配 / 142
一、缸盖组件重要装配操作 / 142
二、安装汽缸盖 / 146
三、曲轴和轴瓦的安装 / 147
四、从连杆上拆装活塞 / 152
五、活塞环的装配 / 153
六、安装曲轴和活塞 / 156
第二节 手动变速器维修和装配 / 159
一、手动变速器零部件 / 159
二、手动变速器解体 / 163
三、主轴的拆解 / 166
四、从动轴的拆解 / 169
五、拆卸倒挡轮 / 172
第三节 制动系统维修 / 174
一、更换ABS泵（电子控制单元） / 174
二、液压制动系统排气 / 175
三、拆装驻车制动电机 / 177
第四节 空调系统维修 / 180
一、部件布置及零部件 / 180
二、加注制冷剂 / 181

第五章 深度的入门维修

CHAPTER 5

第一节 学看汽车电路图 / 186
一、掌握电路图的识读方法 / 186
二、电路图基本特点 / 187
三、电路与导线插接器 / 193
四、电路图识读案例——迈腾前大灯电路图分析 / 197
第二节 电气设备维修 / 199
一、发电机主要零部件 / 199
二、发电机的拆解 / 200
三、发电机（充电系统）电路 / 204

四、启动机主要零部件	/ 205	五、进气压力传感器（MAP）	
五、启动机的拆解和维修	/ 207	诊断与更换	/ 224
六、启动机的检测	/ 212	六、空气流量计诊断与更换	/ 227
第三节 发动机燃油和排放		七、氧传感器诊断与更换	/ 230
控制系统维修	/216	八、节气门诊断与清洗	/ 232
一、发动机电子控制系统		九、爆震传感器诊断与更换	/ 236
零部件	/ 216	十、喷油器诊断与更换	/ 239
二、冷却液温度传感器诊断		十一、点火线圈诊断与更换	/ 241
与更换	/ 217	第四节 自动变速器维修	/245
三、曲轴位置传感器诊断		一、自动变速器常见故障特征	/ 245
与更换	/ 219	二、液力变矩器维修	/ 245
四、凸轮轴位置传感器（CMP）		三、油泵的拆装	/ 249
诊断与更换	/ 222		

第六章 故障的入门排除

CHAPTER 6

第一节 目视和直观检查的		故障检查	/ 264
故障	/252	二、空调专项检漏	/ 266
一、漏油故障	/ 252	三、测量燃油系统压力	/ 267
二、直观感知的异响故障	/ 258	第三节 难度较大的故障	/269
第二节 借助诊断手法或诊断仪		一、自动变速器故障	/ 269
检查的故障	/264	二、发动机故障	/ 273
一、借助故障诊断仪执行			

第七章
汽车维修工必备的入门知识 CHAPTER 7

一、点火顺序是怎样排列的? / 280

二、什么是发动机闭环控制? / 280

三、什么是失火? / 281

四、什么是缸内直接喷射? / 282

五、什么是空燃比控制? / 282

六、发动机油有哪些作用? / 283

七、ATF 的作用和功能是什么? / 284

八、制动液的指标和特性
　　是什么? / 285

九、什么是 AMT 变速器? / 286

十、什么是 DCT 变速器? / 288

十一、什么是 CVT 变速器? / 289

十二、什么是 AT 变速器? / 291

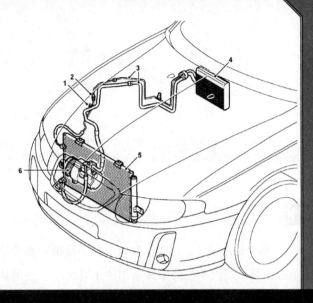

《第一章》

走进车间

CHAPTER 1

第一节 了解基本维修设备

一、常用维修工具

1 套头和快速手柄

套头见图1-1。套头（套筒）扳手是拆卸螺栓最方便、灵活且安全的工具，是汽车维修中最常用的工具之一。使用套筒扳手不易损坏螺母的棱角。根据工作空间大小、扭矩要求和螺栓或螺母的尺寸来选用合适的套筒头。套筒呈短管状，一端内部呈六角形或十二角形，与配套快速扳手或者是连接杆、弯把配合使用。

套筒类型也有很多，如六角长套筒（拆装火花塞就可以用这样的套筒）、六角或十二角花形套筒、风动套筒（气动工具用套筒）、旋具套筒等。如果是头部制成特殊形状的螺栓、螺母，就必须采用专用套筒进行拆卸。

图1-1 套头

按所拆卸螺栓的扭矩和使用的工作环境不同，可将套筒分为大、中、小三个系列，并以配套快速棘轮手柄的宽度来区分。快速棘轮手柄见图1-2。

图1-2　快速棘轮手柄（快把）

维修图解

　　根据工作需求进行工具的选择。套筒扳手（与快速棘轮手柄一同使用）的特点在于它能旋转螺栓/螺母而不需要一把一把地倒着重新调整，这就可以迅速转动螺栓/螺母套筒扳手，可以根据所装的手柄以各种方式工作（图1-3）。

　　棘轮手柄适合在狭窄空间中使用。然而，由于棘轮的结构，它不可能获得很高的力矩，大力矩螺栓或者螺母要用力矩扳手最后锁紧。

　　根据需要与长接杆、短接杆或万向接头配合使用，将套筒套在配套手柄的方榫上，再将套筒套住螺栓或螺母，左手握住手柄与套筒连接处，保持套筒与所拆卸或紧固的螺栓同轴，右手握住配套手柄加力。

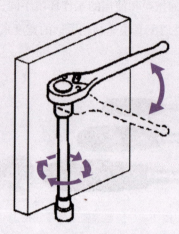

图1-3 套头和快速棘轮手柄使用

维修图解

内六角及内六花键螺栓的使用越来越多。例如进气歧管，尤其是铝制配件上，很多零部件都使用这样的螺栓。如果要拆卸这种螺栓，就必须使用专用的内六角和内六花扳手，见图1-4。

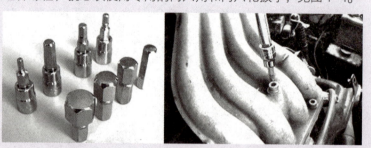

图1-4 使用六角套筒拆装进气歧管螺栓

2 力矩扳手

力矩扳手主要用于有规定力矩值的螺栓和螺母的装配，如汽缸盖、连杆、曲轴主轴承等处的螺栓。常用的力矩扳手有指针式和预置力式两种，就力矩标准程度而言，后者更为精准，应用颇为广泛。现在还有新式电子力预置力矩扳手。

维修图解

使用力矩扳手时，左手握住扳手与套筒连接处，起到托稳作用，右手向身体方向均匀施加拉力，用力得当均衡。注意，使用指针式力矩扳手时不要碰到指针杆，否则会造成读数不准。

预置力式力矩扳手可通过旋转手柄（图1-5），预先调整设定力矩，力矩扳手工作时达到设定力矩时，即可听到"咔哒"声响，说明螺栓或螺母锁紧力矩到位，停止加力。

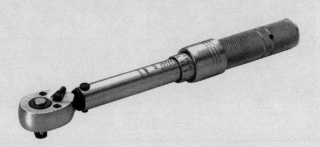

图1-5 预置力式力矩扳手的使用

3 滑杆

滑杆是套筒专用配套手柄，横杆部分可以滑动调节。通过滑动方榫（安装套头位置）部分，使手柄可以有2种使用方法。

安装套头位置在一端，形成L形结构，从而增加力矩，达到拆卸或紧固螺栓的目的，与L形手柄（弯把）类似。

维修图解

安装套头处可以滑动到整个滑杆的中部位置，形成T形结构（图1-6），接上加力杆，两只手同时用力，可以增加拆卸速度，一般用于拆卸已经松动的螺栓或者螺母，安装小力矩螺栓或螺母。

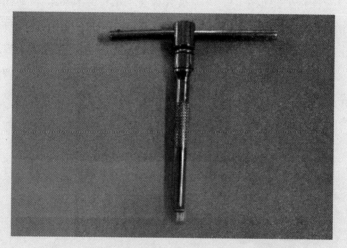

图1-6　滑杆的使用

4 旋柄

旋柄也是套筒配套手柄，它可以与套筒头及旋具头配合，与螺丝刀手柄类似。旋柄的柄部可接棘轮扳手或其他手柄，用以增加拆卸或紧固时的扭矩。

维修图解

旋柄可以快速旋动螺栓、螺钉（图1-7），主要用于将螺栓、螺钉旋到底，常用于拆卸和安装小的螺栓和螺母，例如，拆装仪表台，拆装内饰，分解和装配启动机、发动机等。

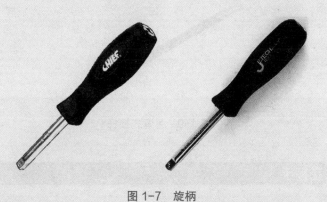

图1-7 旋柄

5 万向接头

万向接头的方形套头部分可以前后或左右移动，配套手柄和套筒之间的角度可以自由变化，在普通L形手柄不能放置的维修位置，视情况使用万向接头，这样适度改变所需操作角度，达到顺利拆装目的。万向接头见图1-8。

图1-8 万向接头

6 可弯式接杆

可弯式接杆类似于接杆,与接杆使用原理一样。可弯式接杆的身体部分采用特殊材料制成,弹簧形式连接,不像接杆那样。普通接杆无法完成的拆卸,可使用可弯式接杆操作。可弯式接杆见图1-9。

图1-9 可弯式接杆

7 梅花扳手

梅花扳手,修理工俗称为眼镜扳手,两端是套筒式圆环状的,圆环内一般有12个棱角,能将螺母或螺栓的六角部分全部围住,工作时不易滑脱,适合于初松螺母或最后锁紧螺母。梅花扳手操作可靠,应尽量使用梅花扳手,常用于拆装部位受到限制处的螺母、螺栓。梅花扳手见图1-10。

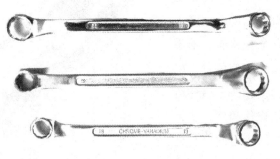

图1-10 梅花扳手

维修图解

如图 1-11 所示，使用推力拆卸时，应该用手掌来推动梅花扳手；锁紧时，用拉力，整个手掌握住梅花扳手一端，均匀使力。笔者建议，拆卸已经初松的螺母可用梅花扳手，拆卸和安装螺栓一般可使用套头工具。

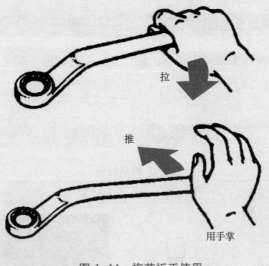

图 1-11 梅花扳手使用

8 卡簧钳

卡簧钳有内卡簧钳和外卡簧钳，还有特殊功能的多用卡簧钳，见图 1-12。卡簧钳是拆卸和安装带有弹性卡圈的零部件。维修变速器经常会用到卡簧钳。前后轮轴承一般在轴承的外侧也有卡簧挡圈，也是使用卡簧钳拆装的零部件之一。

图 1-12 卡簧钳

图 1-13 大力钳

9 大力钳

大力钳在汽车维修中用途比较广泛，有普通钳子和夹具的功能。大力钳见图 1-13。

10 两爪拉器（表 1-1）

表 1-1 两爪拉器

工具名称	两爪拉器
图示/示意图	 1—连接板；2—螺栓；3—螺杆；4—横臂；5—螺母；6—拉爪；7—垫套；8—顶座；9—定位销；10—顶座；11—插销

续表

工具名称	两爪拉器
使用图示	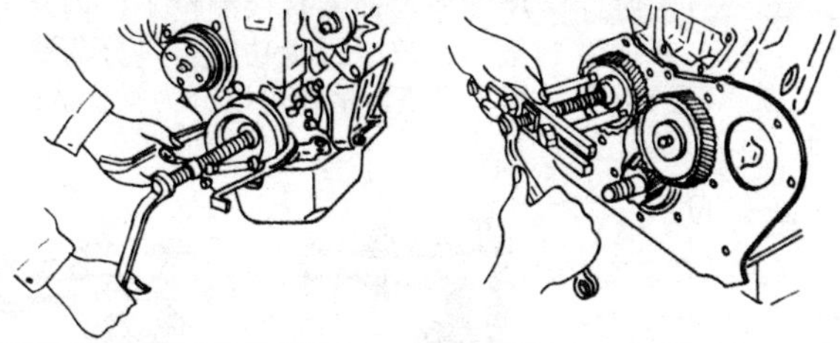
图解	① 两爪拉器主要用于拆卸发动机曲轴正时齿轮、曲轴带轮、风扇带轮、凸轮轴正时齿轮及其他位置尺寸合适的齿轮、轴承凸缘等圆盘形零件；两爪拉器一般有如上图所示的几种形式。 ② 使用两爪拉器注意事项：使用两爪拉器时，当拉器与被拉工件安装好后，要检查两爪是否卡紧，两边受力是否均匀对称，垫套与轴是否对中，然后转动螺杆接触工件后，再复查一次，确认无误后，才能进行拆卸工作

二、维修量具

1 游标卡尺（表1-2）

表1-2 游标卡尺的使用

工具名称	游标卡尺
图示/示意图	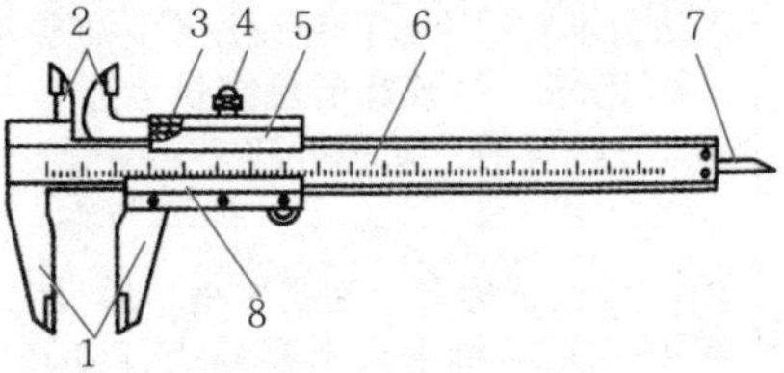  1—外量爪；2—内量爪；3—弹簧片；4—紧固螺栓；5—尺框；6—尺身；7—深尺度；8—标尺

续表

工具名称	游标卡尺
图解	游标卡尺，是一种能直接测量工件内外直径、宽度、长度或深度的量具；按照测量功能可以分为高度游标卡尺、深度游标卡尺等，按照其精度可以分为0.10mm、0.20mm、0.50mm等几种 （a）测量工件宽度　　（b）测量工件外径 （c）测量工件内径　　（d）测量工件深度
使用方法	① 使用前，必须将工件被测表面和卡脚接触表面擦干净 ② 测量工件外径时，将量爪向外移动，使两量爪间距大于工件外径，然后再慢慢地移动游标，使用两量爪与工件接触；切忌硬卡硬拉，以免影响游标卡尺的精度和读数的准确性 ③ 测量工件内径时，将量爪向内移动，使两量爪间距小于工件内径，然后再缓慢地向外移动游标，使两量爪与工件接触 ④ 测量时，应使游标卡尺与工件垂直，固定锁紧螺钉；测量时记下数值 ⑤ 用深度游标卡尺测量工件深度时，将固定量爪与工件被测表面平整接触，然后缓慢地移动游标，使量爪与工件接触；移动力不宜过大，以免硬压游标而影响精度和读数的准确性 ⑥ 用毕，将游标卡尺擦拭干净，并涂一薄层工业凡士林，放入盒内存放，切忌拆卸、重压
读数方法	① 读出游标卡尺刻线所指示尺身上左边刻线的毫米数 ② 观察游标卡尺上零刻线右边第几条刻线与尺身某一刻线对准，将读数乘以游标上的格数，即为毫米小数值 ③ 将尺身上整数和游标上的小数值相加即得被测工件的尺寸

第一章 走进车间

续表

工具名称		游标卡尺
游标卡尺读数实例	举例一	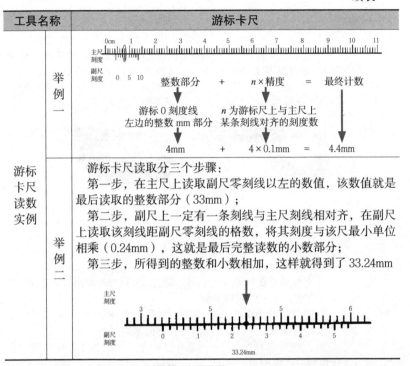 整数部分 + n×精度 = 最终计数 游标0刻度线左边的整数mm部分　n为游标尺上与主尺上某条刻线对齐的刻度数 4mm + 4×0.1mm = 4.4mm
	举例二	游标卡尺读取分三个步骤： 第一步，在主尺上读取副尺零刻线以左的数值，该数值就是最后读取的整数部分（33mm）； 第二步，副尺上一定有一条刻线与主尺刻线相对齐，在副尺上读取该刻线距副尺零刻线的格数，将其刻度与该尺最小单位相乘（0.24mm），这就是最后完整读数的小数部分； 第三步，所得到的整数和小数相加，这样就得到了33.24mm 33.24mm

2 外径千分尺（表1-3）

表1-3　外径千分尺的使用

工具名称	千分尺
图示/示意图	1—尺架；2—测砧；3—测微螺杆；4—固定套筒；5—微分筒；6—测力装置；7—锁紧装置

续表

工具名称	千分尺
图解	千分尺是一种用于测量加工精度要求较高的精密量具，其测量精度可达到0.01mm；按照测量范围可以分为0~25mm、25~50mm、50~75mm、75~100mm、100~125mm等多种；虽然千分尺的规格不同，但每一种千分尺的测量范围均为25mm
使用方法	千分尺误差检查 ①将千分尺砧端表面擦拭干净 ②旋转棘轮盘，使两个砧端先靠拢，直到棘轮发出2~3次"咔咔"声响，这时检视指示值 ③微分筒前端应与固定套筒的"0"线对齐 ④微分筒的"0"线应与固定套筒的基线对齐 ⑤若两者中有一个"0"线不能对齐，则该千分尺有误差，应在检调后才能测量 使用方法 ①将工件被测表面擦拭干净，并置于千分尺两砧之间，使千分尺螺杆轴线与工件中心线垂直或平行，若歪斜着测量，则直接影响到测量的准确性 ②旋转旋钮，使砧端与工件测量表面接近，这时改用旋转棘轮盘，直到棘轮发出"咔咔"声响为止，此时的指示数值就是所测量到的工件尺寸 ③测量完毕，放倒微分筒后，取下千分尺 ④使用完毕，应将千分尺擦拭干净，保持清洁，并涂抹一薄层工业凡士林，然后放入盒内保存；禁止重压、弯曲千分尺，且两砧端不得接触，以免影响千分尺精度

续表

工具名称	千分尺
读数方法	①从固定套筒上露出的刻线读出工件的毫米整数和半毫米整数 ②从微分筒上由固定套筒纵向线对准的刻数读出工件的小数部分（百分之几毫米），不足一格数（千分之几毫米）可用估算读法确定 ③将两次读数相加就是工件的测量尺寸
千分尺读数实例	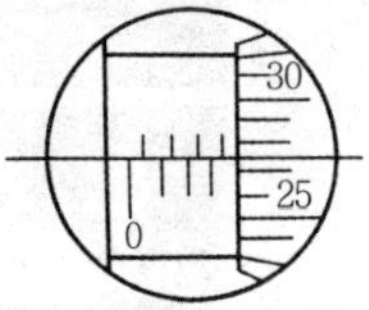 读数 3.766mm 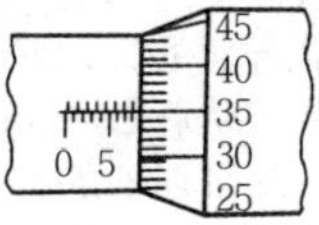　　读数 8.35mm 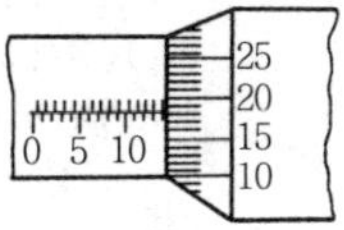　　读数 14.18mm

3 百分表（表1-4）

百分表利用指针和刻度将心轴移动量放大来表示测量尺寸，主要用于测量工件的尺寸误差以及配合间隙。百分表的使用见表1-4。

表1-4 百分表的使用

工具名称	百分表
图示/示意图	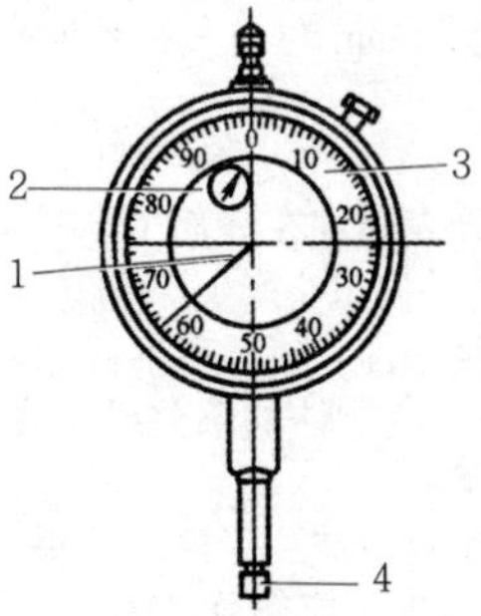  1—大指针；2—小指针；3—表盘；4—测头

续表

工具名称	百分表
图解	① 百分表是一种比较性测量仪器，主要用于测定工件的偏差值，零件平面度、直线度、跳动量，汽缸圆度、圆柱度误差以及配合间隙等 ② 百分表主要是由尺条和小齿轮装配而成的，其工作原理是：利用尺条和小齿轮将心轴的移动量放大，再由指针的转动来读取测定数值 ③ 测量头和心轴的移动量带动第一小齿轮转动，再利用同轴上的从动齿轮传递给第二小齿轮，使之转动，于是装置在第二小齿轮上的指针即能放大心轴的移动量显示在刻度盘上；而由于长针每一个回转相当于1mm的移动量，将刻度盘分刻100等分，所以测定的移动量可精确到1/100mm
使用方法	计数方法 ① 百分表的表盘刻度分为100格，当测头每移动0.01mm时，大指针就偏转1格（表示0.01mm），指针的偏转量就是被测零件的实际偏差或间隙值 ② 也就是说，当量头每移动0.01mm时，大指针偏转1格；当量头每移动1.0mm时，大指针偏转1周；小指针偏转1格相当于1mm 使用方法 ① 先将百分表固定在表面（支架）上，用测杆端测头抵住被测工件表面，并使量头产生一定位移（即指针在一个预偏转值） ② 移动被测工件，同时观察百分表表盘上指针的偏转量，该偏转量即为被测物体的偏差尺寸或间隙值 使用注意事项 ① 测杆轴线应与被测工件表面垂直 ② 百分表用毕，应解除所有的负荷，用干净布将表面擦拭干净，并在容易生锈的金属表面涂抹一薄层工业凡士林，水平地放置盒内，严禁重压

三、万用表的使用

（1）数字万用表的使用见表1-5。常见的万用表有指针式和数字式两种，主要用于进行电流、电压、电阻以及导线的通断性和电子元件的检测等。

（2）通常在汽车维修中使用最广泛的是数字式万用表。指针式万用表一般不能用于汽车电子元件的测试，否则会因检测电流过大而烧坏电控元件或ECU。

（3）数字式万用表工作可靠，最大的优点就是可以直接显示测量数据，而指针式万用表的读数则不能直接显示，需要根据量程及指针摆度进行计算。数字万用表电源开关一般会在面板左上部显示屏下方字母"POWER"（电源）的旁边，"OFF"表示关，"ON"表示开。

表1-5 数字万用表的使用

项目		内 容
万用表	图示/示意图	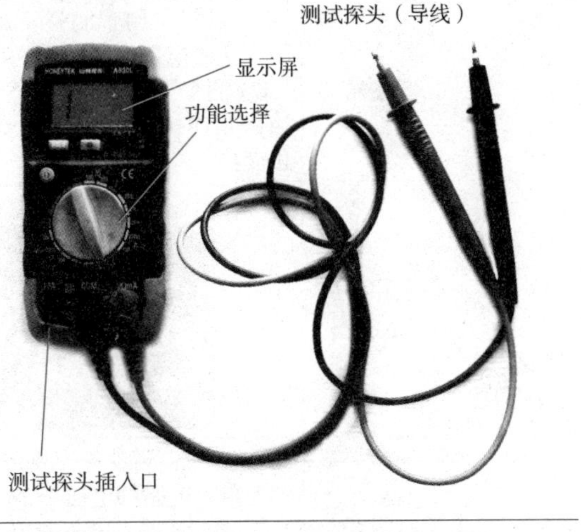 测试探头（导线）、显示屏、功能选择、测试探头插入口
	图解	数字万用电表可以用来测量电路中的电流、电压及电阻，以及测试电路的通断及测试二极管等

续表

项目		内容
选择测量量程	图示/示意图	
	图解	选择测量量程，可通过功能选择开关完成测量
交流电压测量	图示/示意图	
	图解	① 目的：用于测量家庭用或工厂供电线路的电压、交流电压电路及电力变压器端头的电压 ② 测量方法：将功能选择开关设置到交流电压挡，并连接测试探头；测试探头的极性是可以互相交换的
直流电压测量	图示/示意图	
	图解	① 目的：测量各种类型的电池、电气设备及晶体管电路、电路的电压 ② 测量方法：将功能选择开关设置到直流电压测量挡位置；将黑色负极测量探头连接地电位，红色正极测量探头放到待测试的部位，并读数

续表

项目		内 容
电阻测量	图示/示意图	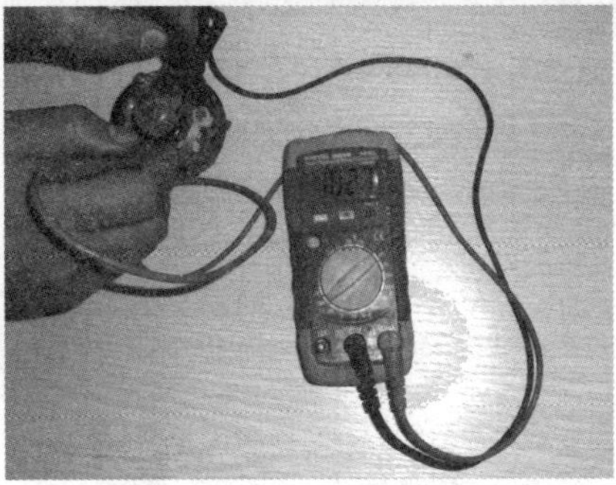
	图解	① 目的：测量电阻器电阻，电路的通断、短路、开路 ② 测量方法：设定电阻或连续性的功能选择开关；然后，将测试笔放到待测电阻或线圈两端测量其电阻，此时应保证电阻不带电；二极管不能在此挡测量，因为所使用的内部电压太低
通断检查	图示/示意图	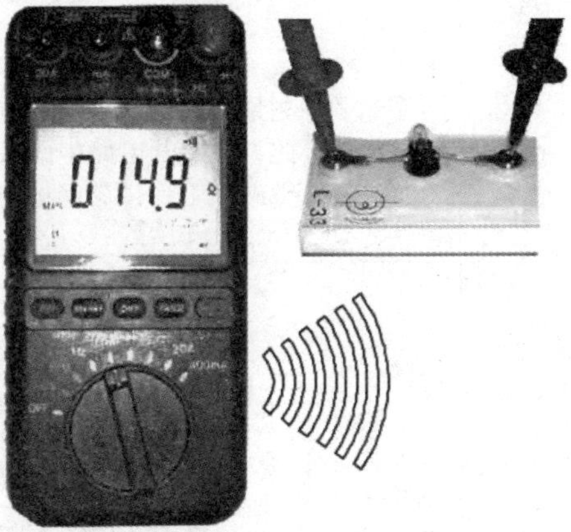
	图解	① 目的：为了检查电路的通断 ② 测量方法：将功能选择开关旋到通断测试挡；将测试笔接到测试电路，如果电路接通，蜂鸣器会响；通断检查在实际汽车维修中也是应用频率很高的

续表

项目		内容
二极管测试	图解	测试方法：将功能选择开关旋到二极管测试方式挡位，检测两个方向的通路状态；若在一个方向二极管是通的，在交换测试笔之后断开，则说明二极管良好；若二极管两个方向都是通路，则二极管被击穿；若两个方向均不通导，说明它已开路
	图示/示意图	
直流电流的测量	图解	① 目的：测量使用直流电设备或器件的电流量 ② 测量方法：将功能选择开关旋到电流测量挡位，选择量程正确的插孔，插入正极测试引线；为测量电路中的电流，电流表应串联接进电路中；因此，要断开电路中的某点以接入测试笔引线，将正极测试笔连接高电位一侧，负极测试笔连接低电位一侧，并读数
	图示/示意图	  测量范围和测试导线插入部位  

第一章 走进车间

第二节 认识汽车零部件

一、汽车主要组成部件

汽车通常由发动机、底盘、车身、电气设备四大部分组成。

维修图解

汽车具体包括发动机各系统部件；底盘系统部件，如变速器、悬架系统、制动系统等；电气设备包括空调系统、灯光照明系统等；车身包括车架、车门、车厢等。现代轿车主要组成部件如图1-14所示。

图1-14 汽车主要组成部件

21

二、发动机

1 发动机结构和组成

发动机是汽车的动力装置，其作用是使供入发动机的燃料燃烧而产生动力，经传动系统驱动汽车行驶，见图 1-15。

图 1-15 发动机

发动机的核心部件是活塞和汽缸。按照汽缸和活塞数量的多少及排列形式，一般把发动机分为直列 3 缸、4 缸、5 缸、6 缸，或 V 形 6 缸、8 缸、10 缸、12 缸，或水平对置 4 缸、6 缸等形式。

第一章 走进车间

维修图解

发动机是由机体、曲柄连杆机构、配气机构、燃油供给系统、冷却系统、润滑系统、点火系统（汽油发动机采用）、启动系统等部分组成，见图1-16。

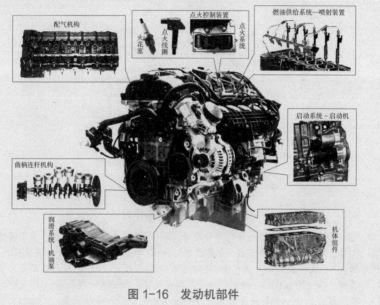

图1-16 发动机部件

2 认识汽缸体拆解零部件

汽缸体上的零部件及各零部件位置见图1-17。

23

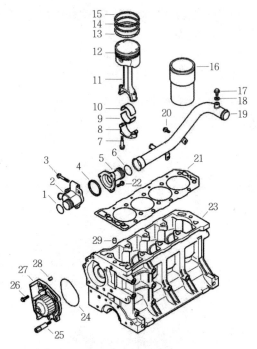

图 1-17 汽缸体拆解零部件

1—O形圈，节温器壳体到冷却液泵；2—节温器壳体；3—螺栓，节温器壳体到汽缸体；4—节温器密封；5—节温器罩；6—O形圈，节温器到冷却液管；7—连杆螺栓；8—连杆大头轴瓦盖；9—连杆大头轴瓦（上）；10—连杆大头轴瓦（下）；11—连杆；12—活塞；13—油环；14—第二道气环；15—第一道气环；16—汽缸套；17—排气螺栓；18—冷却液管排气螺栓的密封垫圈；19—冷却液管；20—螺钉，冷却液管到汽缸体；21—汽缸盖衬垫；22—螺栓，节温器罩到节温器壳；23—汽缸体；24—O形圈，冷却液泵到汽缸体；25—螺栓，冷却液泵到汽缸体；26—螺钉，冷却液泵到汽缸体；27—冷却液泵；28—定位销，冷却泵到汽缸体；29—定位销，汽缸体到汽缸盖

3 认识曲轴、油底壳和油泵拆解零部件

下曲轴箱（汽缸体下部）上的零部件及各零部件位置见图 1-18，其中主要包括曲轴、油底壳和油泵拆解零部件等。

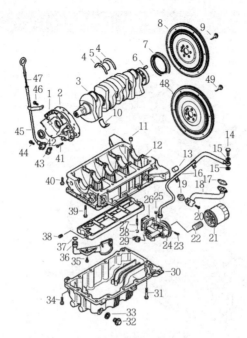

图 1-18　曲轴、油底壳和油泵拆解零部件

1—机油泵总成；2—机油泵衬垫；3—曲轴；4—止推垫片（位于 3 号主轴承上的 2 个）；5—主轴瓦（上部）（1 号和 5 号上是平的，2、3、4 号上是槽状的）；6—定位销；7—曲轴后油封；8—飞轮总成；9—螺栓，飞轮到曲轴；10—主轴瓦（下部）；11—定位销，轴承座到汽缸体；12—轴承座；13—定位销，轴承座到变速器壳体；14—螺栓，涡轮增压器进油管到涡轮增压器；15—涡轮增压器进油管与涡轮增压器之间的垫圈；16—涡轮增压器进油管；17—涡轮增压器回油管与涡轮增压器之间的垫圈；18—涡轮增压器回油管；19—涡轮增压器回油管垫圈；20—螺栓，涡轮增压器回油管到汽缸体；21—机油滤清器；22—机油滤清器接头；23—螺栓，机油滤清器安装架到轴承座；24—机油滤清器座；25—机油滤清器座的锥形塞；26—机油滤清器座与轴承座之间的垫圈；27—螺栓，轴承座到机油槽轨；28—螺母，轴承座到机油轨；29—机油压力开关；30—油底壳；31—螺栓，油底壳到轴承座（长）；32—油底壳放油螺塞；33—放油螺塞密封垫圈；34—螺栓，油底壳到轴承座（短）；35—螺栓，机油集滤器到轴承座；36—机油集滤器；37—机油集滤器密封；38—机油轨中心螺塞；39-螺栓，轴承座到汽缸体（长）；40—螺栓，轴承座到汽缸体（短）；41—螺栓，机油泵到汽缸体；42—曲轴前油封；43—油标尺管到轴承座的垫圈；44—螺栓，油标尺管到轴承座；45—油标尺管；46—螺栓，油标尺管到汽缸体；47—油标尺；48—变矩器驱动盘；49—螺栓，变矩器驱动盘到曲轴

4 认识汽缸盖及相关拆解零部件（图1-19）

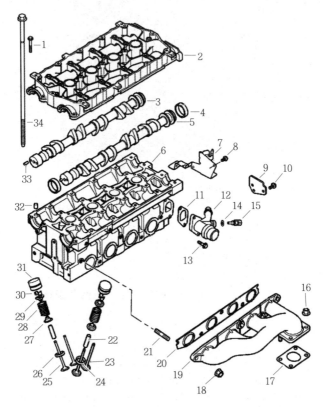

图1-19 汽缸盖及相关拆解零部件

1—螺栓，凸轮轴架到汽缸盖；2—凸轮轴架；3—进气凸轮轴；4—凸轮轴油封；5—排气凸轮轴；6—汽缸盖；7—进气凸轮轴罩板；8—螺栓，罩板到凸轮轴架；9—排气凸轮轴罩板；10—螺栓，罩板到凸轮轴架；11—冷却液出口弯管接头垫圈；12—冷却液出口弯管接头；13—螺栓，冷却液出口弯管接头到汽缸盖；14—冷却液温度传感器垫圈；15—冷却液温度传感器；16—螺母，涡轮增压器到排气歧管；17—涡轮增压器到排气歧管的衬垫；18—螺母，排气歧管到汽缸盖；19—排气歧管；20—排气歧管和汽缸盖之间的衬垫；21—螺栓，排气歧管到汽缸盖；22—气门导管；23—排气门；24—嵌入式排气门座；25—进气门；26—嵌入式进气门座；27—气门杆油封；28—气门弹簧；29—气门弹簧座；30—气门锁夹；31—液压挺柱；32—定位销，汽缸盖到凸轮轴架；33—凸轮轴传动销；34—汽缸盖螺栓

5 认识凸轮轴（气门室）罩盖、火花塞盖和进气歧管及相关拆解零部件（图1-20）

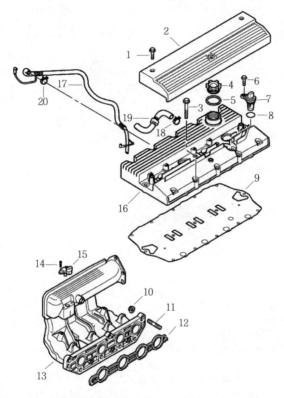

图1-20 凸轮轴（气门室）罩盖、火花塞盖和进气歧管及相关拆解零部件

1—螺栓，火花塞盖到凸轮轴罩；2—火花塞盖；3—螺栓，凸轮轴盖到凸轮轴架；4—机油加油口盖；5—机油加油口盖密封圈；6—螺栓，凸轮轴位置传感器到凸轮轴盖；7—凸轮轴位置传感器；8—O形圈，凸轮轴位置传感器；9—凸轮轴盖到凸轮轴架的衬垫；10—螺母，进气歧管到汽缸盖；11—螺栓，进气歧管到汽缸盖；12—进气歧管与汽缸盖之间的衬垫；13—进气歧管；14—螺栓，进气温度和绝对压力传感器到进气歧管；15—进气温度和绝对压力传感器；16—凸轮轴盖总成；17—凸轮轴盖到涡轮增压器进气软管的全负荷通气软管；18—部分负荷通气软管到凸轮轴盖的弹簧夹箍；19—凸轮轴盖到进气歧管通气口的部分负荷通气软管；20—全负荷通气软管到凸轮轴罩的弹簧夹箍

6 认识凸轮轴正时带机构拆解零部件（图1-21）

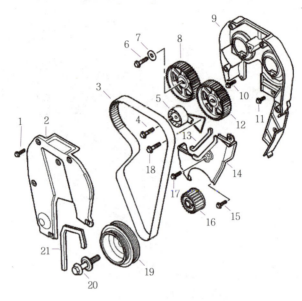

图1-21 凸轮轴正时带机构拆解零部件

1—螺钉，正时带前上盖到正时带后上盖；2—正时带前上盖；3—正时带；4—螺栓，正时带张紧轮到汽缸盖；5—正时带张紧轮；6—螺栓，凸轮轴带轮至凸轮轴；7—凸轮轴带轮与凸轮轴之间的垫圈；8—进气凸轮轴带轮；9—正时带后上盖；10—螺钉，正时带后上盖到汽缸体（长）；11—螺栓，正时带后上盖到汽缸体（短）；12—排气凸轮轴带轮；13—正时带前下盖密封；14—正时带前下盖；15—螺钉，正时带前下盖到机油泵；16—曲轴正时齿轮；17—螺钉，正时带前下盖到正时带前上盖；18—螺栓，正时带张紧轮限位拉线到汽缸盖；19—曲轴带轮减振器；20—曲轴带轮螺栓和垫圈；21—正时带前上盖密封

7 认识排气歧管及相关拆解零部件（图1-22）

排气歧管是一不锈钢结构的部件，有四个独立的分支最后汇合到一个法兰上。加热型氧传感器装在涡轮增压器之后的前排气管和排气系统的前段上。

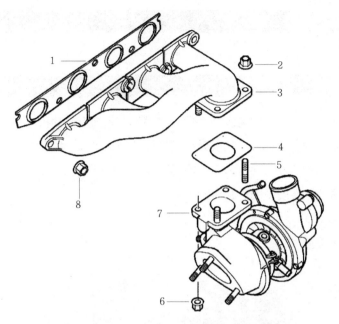

图 1-22 排气歧管及相关拆解零部件

1—排气歧管到汽缸盖衬垫；2—螺母，排气歧管到涡轮增压器；3—排气歧管；4—排气歧管到涡轮增压器衬垫；5—螺栓，涡轮增压器到排气歧管；6—螺母，涡轮增压器到排气歧管；7—涡轮增压器；8—螺母，排气歧管到汽缸盖

维修图解

如图 1-22 所示，排气歧管法兰用 4 个双头螺栓和螺母固定到涡轮增压器进口法兰，并用金属衬垫密封。排气歧管用 5 个双头螺栓和螺母固定到汽缸盖上。一波纹形金属衬垫在排气歧管和汽缸盖之间起到密封作用。涡轮增压器的出口法兰和排气系统的前排气管法兰相结合，用 3 个螺母固定并用金属的衬垫密封。

三、底盘

1 概述

底盘是汽车的基础（图1-23），在其上安装有发动机、车身及其各种附属设备，此外，还安装有电气设备的各机件。底盘接受发动机的动力，使汽车产生运动，并保证汽车正常行驶。底盘由传动系统、行驶系统、转向系统和制动系统组成。

底盘具体包括的总成和部件有驱动轴、前悬架、后悬架、转向机、制动器等。

图1-23　底盘

2 认识驱动轴（半轴）

维修图解

如图1-24和图1-25所示，驱动轴是带有三销轴总成和等速万向节总成的刚性轴，一整体式带滚柱轴承及轴承支座固定在发动机汽缸体的后端,另一整体式轴安装在左边,与差速器相连。三销轴总成有三个脚,带球状衬垫,以减少滑动阻力,中间轴和三销轴在一起是一个总成,等速万向节总成是球笼形,以花键与中间轴连接,由一个钢丝挡圈固定。万向节内充满润滑油脂,并有橡胶护套保护。驱动轴还配有驱动轴减振圈。

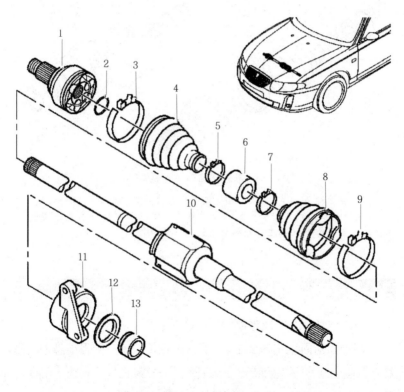

图1-24 前轮驱动车辆的驱动轴(右)

1—右等速万向节总成;2—等速万向节右钢丝挡圈;3,9—卡箍(大);4—等速万向节总成右护套;5,7—卡箍(小);6—驱动轴右减振圈;8—三销轴总成右护套;10—右三销轴总成;11—轴承座;12—防尘罩;13—轴承

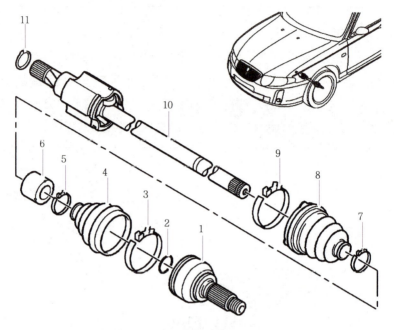

图 1-25 前轮驱动车辆的驱动轴（左）

1—左等速万向节总成；2—等速万向节左钢丝挡圈；3，9—卡箍（大）；4—等速万向节总成左护套；5，7—卡箍（小）；6—驱动轴左减振圈；8—三销轴总成左护套；10—左三销轴总成；11—弹性挡圈

3 认识前悬架及拆解零部件

（1）前悬架布置及零部件位置见图 1-26。

通过前横向稳定杆及 1∶1 的减振器传动比，使得前悬架的设计具有抗点头及抗下坐的特点。减振器的布置及设计使得由于侧向力而导致的车轮外倾角损失减少到最小，提高了操纵及转向反应能力。前悬架布置及零部件位置见图 1-26。

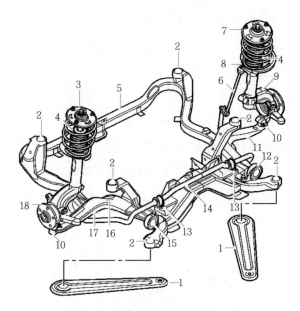

图 1-26 前悬架布置及零部件位置

1—前副车架支撑杆；2—前副车架橡胶衬套；3—左麦弗逊式前减振器总成；4—前减振器柱防尘罩；5—前副车架总成；6—前横向稳定杆连接杆；7—右麦弗逊式前减振器总成；8—螺母；9—右前轮毂总成；10—前下摆臂外球节；11—右前下摆臂总成；12—右前下摆臂衬套和支架总成；13—横向稳定杆衬套及夹；14—横向稳定杆；15—左前下摆臂衬套和支架总成；16—前下摆内球节；17—左前下摆臂总成；18—左前轮毂总成

维修图解

前副车架是由液压成型管制造的，具有质量轻、结构强度高的特点。所有关键位置的几何尺寸都是在前副车架制造好后进行机加工的，以确保前悬架及转向系统部件的位置精确。

前副车架通过6个橡胶支承装配在车身上，除了减振器顶部支承及发动机和变速器的支承外，前副车架能提供所有前悬挂

33

部件装配的位置。装配在前副车架前支承点和车身之间的前副车架支撑杆，能增加前副车架的刚度。支承点的布置能避免前副车架在侧向力下的位移，这种位移会产生不必要的转向作用。

（2）前减振器及拆解零部件见图1-27。

2个麦弗逊式减振器控制了前悬架的减振效果。螺旋弹簧轴与减振器轴偏置，在转弯过程，这种布置能提供侧向载荷补偿，加强减振效果。

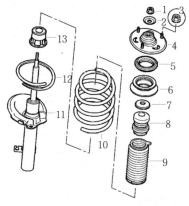

图1-27 前减振器及拆解零部件

1—螺母；2—前减振器回弹垫圈；3—螺母和垫圈组合件；4—前减振器上安装支座；5—轴承；6—前悬架弹簧上隔振垫；7—前减振器压缩行程缓冲块垫圈；8—前减振器压缩行程缓冲块；9—前减振器柱防尘罩；10—前减振器螺旋弹簧；11—前减振器柱总成；12—前悬架弹簧下隔振垫；13—前减振器冲击碗

前减振器是双筒型结构，可以充气及加油。这种双筒型的结构允许减振器活塞在内筒内运动，在内筒上，内筒与外筒之间有一个卸油孔，这种结构使气穴现象减少到最小，并消除了因外筒损坏而影响活塞运动的结果。

维修图解

前减振器及拆解零部件见图1-27,每个减振器包含有一个减振单元、一螺旋弹簧及一个上安装支座总成。螺旋弹簧位于减振器弹簧座及上安装支座总成之间,保持在压缩状态。弹簧两端的隔振垫减少了自前悬架传递到车身的噪声。在上安装支座总成下面,安装有一轴承,当转向系统工作时,该轴承可允许螺旋弹簧转动。在压缩行程限位缓冲块及减振器之间,安装有一防尘罩,该防尘罩保护减振器柱,以免其变脏或损坏。

(3)前悬架分解及零部件见图1-28。

维修图解

如图1-28所示,前减振器下端连接在前轮毂上,并以锁紧螺栓固定。前减振器上的一个柄脚位于前轮毂上,以确保前减振器有正确的导向。

前减振器柱位于内镶钢板的橡胶衬套内,该橡胶衬套与上安装支座组合成一体,前减振器柱用螺母及垫圈紧固。在前减振器柱端有一六角形的槽,当紧固前减振器柱固定螺母时,该六角形槽可以用来限定前减振器柱,防止其转动。前减振器柱在减振器内以一低摩擦材料密封。

一定角度的弹簧座与减振器体做成一体,同时也可作为前横向稳定杆连接杆的连接安装点。靠近减振器底部,有一焊接支架,该支架可用来装配前制动软管、ABS传感器线缆,在右减振器侧,装配制动块磨损传感器线束。

维修图解

如图 1-28 所示，上安装支座总成由上安装支座、双层橡胶衬套及 3 个螺栓组成。橡胶衬套位于一钢制罩壳内，该钢制罩壳被压入上安装支座内。在橡胶衬套周围有钢制镶入物，以防止在紧固减振器柱上的锁紧螺母时，对其造成过度压缩。橡胶衬套的轴与上安装支座的并不一致，这就使其能与偏置的螺旋弹簧轴对齐。在上安装支座的下面有 3 个凸耳，可供顶部轴承安装使用。

安装轴承与凸耳间为过盈配合，如果需要，轴承可以更换。衬套为不可修理件，当需要更换衬套时，必须同时更换一个新的上安装支座总成。

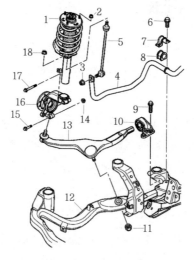

图 1-28 前悬架分解及零部件（一侧）

1—麦弗逊式前减振器总成；2，18—螺母和垫圈组合件；3，11，14—螺母；4—前横向稳定杆总成；5—前横向稳定杆连接杆；6，9，15，17—螺栓；7—前横向稳定杆固定支架；8—前横向稳定杆衬套；10—前下摆臂衬套和支架总成；12—前副车架总成；13—前下摆臂总成；16—前轮毂总成

维修图解

如图 1-28 所示，前下摆臂为"L"形、高强度、轻质锻铝件，它将前轮毂与前副车架连接起来。

（1）前下摆臂有一外球节，该球节上有一并联的柄，该柄可以安装于前轮毂底部一开口位置上，并被一螺栓及锁紧螺母夹紧在合适的位置上。一内球节也定位并装配于驱动轴的轴心附近，以最大可能减小因侧向载荷而导致的转向。内球节位于前副车架上的锥形座内，用锁紧螺母固定。内外球节为不可修理件，如果其中有一个需要更换，则要求更换一完整的前下摆臂总成。

（2）下摆臂后部有一铸制的六角形体，该六角形体位于一柔性衬套内与之相配的六角孔内。尼龙柔性衬套装配于前下摆臂衬套支架内，支架两个 M14 的螺栓安装在前副车架上。该支架的设计，可以允许在前方有撞击时支架剪切，从而减少撞击载荷。在下摆臂六角形体的上平面上铸有一条线，该线可用于使柔性衬套的定位大致在正确的位置上，以有助于与前副车架之间的装配。

（3）当悬架运动时，下摆臂以内球节为支点转动。悬架的直线运动被转换成下摆臂的旋转运动，该旋转运动的大小由后柔性衬套的径向刚度控制。

（4）柔性衬套为不可修理件，如果需要更换，则必须更换前下摆臂衬套和支架总成。

维修图解

如图 1-28 所示前横向稳定杆及其连接杆，实心弹簧钢制作的前横向稳定杆横向通过稳定杆连接杆而工作，前横向稳定杆连接杆连接于前减振器柱的弹簧座上。前横向稳定杆直径为24mm。

前横向稳定杆用两个聚四氯乙烯(PTFE)衬套连接于前副车架的后部，PTFE衬套用螺栓及前横向稳定杆固定支架固定。PTFE衬套摩擦力低，不需要额外的润滑，并可使前横向稳定杆在静态下自由旋转，这使得前横向稳定杆对于翻转的输入反应迅速，且当发现常规衬套无压缩及扭转作用时，可允许使用刚度更大的衬套。位于前横向稳定杆上、每个衬套外侧的波纹垫圈可防止前横向稳定杆的侧向移动。前横向稳定杆的尾端通过前横向稳定杆连接杆连接于前减振器弹簧座上，这种布置允许前横向稳定杆以与车轮行程成1∶1的比例动作，提供最大的横向稳定效能。

每个前横向稳定杆连接杆的端部安装有球节，球节可提高反应的速度及效率。上球节安装在前横向稳定杆连接杆的轴心线上，并直接与前减振器弹簧座相连，用锁紧螺母固定。下球节与连接杆轴心线成90°安装在连接杆上，并与前横向稳定杆相连，用锁紧螺母固定。连接杆必须连接到前横向稳定杆的后部球节，并使锁紧螺母的锁紧面向前。前横向稳定杆连接杆上的球节为不可修理件，如果需要更换其中的任一球节，则必须更换新的前横向稳定杆连接杆总成。

4 认识后悬架及拆解零部件

（1）后悬架布置及零部件见图1-29。

后悬架通过纵臂具有抗提升控制的特点，通过横向的上、下摆臂控制适宜的车轮外倾角。紧凑的后悬架布置使得车辆可以有较低且较宽的行李厢地板，而且，后悬架与行李厢不干涉。

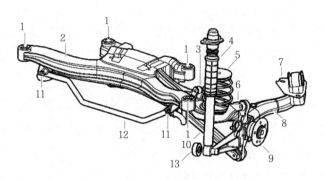

图 1-29　后悬架布置及零部件

1—后副车架橡胶衬套；2—后副车架总成；3—后横向稳定杆连接杆；4—后减振器总成；5—后悬架弹簧总成；6—后上摆臂总成；7—后轮前束调整支架；8—纵臂总成；9—后轮毂总成；10—后下摆臂总成；11—后横向稳定杆衬套和支架；12—后横向稳定杆；13—后轴动力缓冲器

（2）后悬架拆解及零部件见图 1-30。

后副车架如图 1-30 所示。

后副车架通过 4 个橡胶支承点与车身连接，并为所有后悬架部件提供安装位置，后副车架通过 4 个螺栓及 4 个安全垫圈固定。两个前橡胶支承点空置，以控制侧向力导致的转向，后两个橡胶支承点允许以低速率向前或向后方向移动，以隔离路面噪声。

后上摆臂如图 1-30 所示。

后上摆臂是由高强度钢制作、由手工装配而成的双壳型结构件，其上标有"L"或"R"的标记，以区分不同的装配位置。

（1）在后上摆臂上有一凹陷处，作为螺旋弹簧的装配点，同时有一扁形孔，供弹簧下隔振垫安装，装配于其上的安装脚可供后横向稳定杆连接杆衬套装配用，该衬套用螺栓及锁紧螺母固定。

（2）后上摆臂的内安装点通过一个衬套与装配于后副车架上的安装点连接，并且被一个螺栓及固定在后副车架上的螺母所固定。

（3）后上摆臂的外安装点与配有衬套的纵臂连接，并被一个螺栓及锁紧螺母固定。

维修图解

后下摆臂如图1-30所示。

（1）后下摆臂由高强度钢制造，具有双"C"形截面，后下摆臂上无手工装配部件，其内安装点安装时配有一不可修理衬套，该衬套位于装配在后副车架上的支架内，并且被一个螺栓及固定在后副车架上的螺母所固定。后下摆臂的外安装点与配有衬套的纵臂连接，并被一个螺栓及锁紧螺母固定。

（2）在下摆臂的侧面有一冲压的方向箭头标记，在装配时应注意确保后下摆臂侧面的方向箭头指向上方，如果装配不正确，则后下摆臂会和后横向稳定杆连接杆接触，导致这两个部件损坏。

（3）在每个后下摆臂向前的边缘上，有一手工装配的塑料护罩，该护罩保护后下摆臂免受石击而损坏。在该护罩上有一切口，供后横向稳定杆连接杆装配用，因此，首先要使护罩以正确的方位装配。

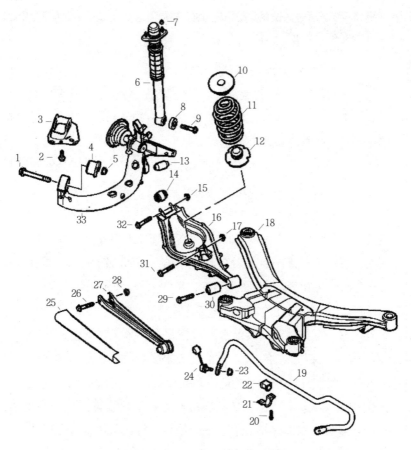

图 1-30 后悬架拆解及零部件

1、9、26、29、31、32—螺栓；2、20—螺钉；3—后轮前束调整支架；4—纵臂衬套；5、7、15、17、23、28—螺母；6—后减振器总成；8—后轴动力缓冲器；10—后悬架弹簧上隔振垫；11—后悬架弹簧；12—后悬架弹簧下隔振垫；13—纵臂衬套；14—纵臂连接球节；16—后上摆臂总成；18—后副车架总成；19—后横向稳定杆；21—后横向稳定杆固定支架；22—后横向稳定杆衬套；24—后横向稳定杆连接杆；25—后下摆臂护板；27—后下摆臂总成；30—后上摆臂衬套；33—纵臂总成

维修图解

纵臂如图1-30所示。

（1）纵臂是一壁厚为5mm的空心球墨铸铁件。纵臂可控制车辆前束，防止车辆转向发飘，可使车辆有较低的侧翻中心，并能提供适宜的车轮外倾角补偿。

（2）纵臂上有两个铸造安装脚，可供后制动钳安装用。在纵臂上压装有一个不可修理的、机加工而成的轮毂心轴，该心轴可供后轮毂及后轮毂轴承定位，后轮毂轴承用一个螺母及可翻边定位的垫圈固定。在纵臂下侧的一个机加工孔内压装有一个球形衬套，供后下摆臂连接用。在纵臂顶部的一个机加工孔内，压装有一空心球形衬套，供后上摆臂连接用。在纵臂后部的延长部分，有一螺纹孔，在该孔内用螺栓固定减振器下安装衬套。

（3）在纵臂前端装配有一柔性衬套，该柔性衬套用于控制因侧向力而导致的转向，并能提高乘坐舒适性，降低噪声等级。该衬套位于一机加工的前束调整支架内，该支架用3个螺栓固定在车身上。该支架上螺栓连接孔上的开槽可以进行前束调整。在纵臂上铸有一道刻线及一个箭头，标明柔性衬套正确的安装方位，柔性衬套的安装方位对于确保衬套与前束调整支架之间正确的结合非常重要。

维修图解

横向稳定杆及横向稳定杆连接杆如图1-30所示。

(1)横向稳定杆用两个聚四氯乙烯(PTFE)衬套连接于副车架的后部,PTFE衬套用螺栓及夹板固定。

(2)后横向稳定杆的各端通过手工装配的后横向稳定杆连接杆与后上摆臂连接,后横向稳定杆连接杆上标有"L"或"R"的标记,以区分不同的安装位置。

(3)每个后横向稳定杆连接杆以球节连接方式与后横向稳定杆连接,以衬套连接方式与后上摆臂连接。球节与衬套连接方式可以提高对车辆侧翻的反应及效率。每个连接杆与后横向稳定杆连接时,必须使球节位于后横向稳定杆安装面的外侧,而螺母位于内侧。

(3)后减振器及零部件见图1-31。

维修图解

螺旋弹簧如图1-31所示。

(1)用铬钢制造的螺旋弹簧安装于车身及后上摆臂之间,每个弹簧都安装在上下弹簧隔振垫之间,弹簧隔振垫可减少自悬架传递到车身的噪声。每个隔振垫都与弹簧直接相连。

(2)下隔振垫安装在后上摆臂上的一个扁形孔内,拆卸时,必须先将其悬转90°,然后从扁形孔内拔出。下隔振垫内的切孔是供排水用的,装配时,必须与后上摆臂上相应的孔对齐。

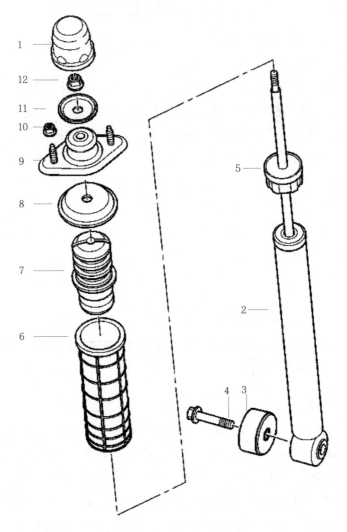

图 1-31 后减振器及零部件

1—后减振器防冲帽；2—后减振器柱总成；3—后轴动力缓冲器；4—螺栓；5—后减振器内防尘罩；6—后减振器柱防尘罩；7—后减振器压缩行程缓冲块；8—后减振器压缩行程限位盘；9—后减振器顶部安装支座总成；10，12—螺母；11—后减振器回弹限盘

维修图解

后减振器如图1-31所示。

（1）每种不同车型的后减振器是通用的，且后减振器为不可修理件。后减振器配具有130mm的压缩向下行程和70mm回弹减振行程作用。后减振器为双筒形结构，可以充气及加油。这种双筒形的结构允许减振器活塞在带有油孔的内筒内运行，该油孔介于内筒与外筒之间，这种结构使气穴现象减少到最小，并消除了因外筒损坏而影响活塞运行的结果。

（2）减振器下部安装了一个不可修理衬套，该衬套用螺栓连接在纵臂的延伸杆上。后减振器柱位于上安装支座内的衬套内，并用一个锁紧螺母与回弹限盘固定在一起。上安装支座用两个固定于其上的双头螺栓及锁紧螺母与车身连接。

（3）回弹限盘安装在后减振器柱锁紧螺母与上安装支座之间，当后减振器柱到达上极限位置时，回弹限盘缓和其所受的力。压缩行程限位缓冲块垫圈及压缩行程限位缓冲块安装在后减振器柱上，当压缩行程到达其最大行程时，减缓减振器的工作。防冲帽安装在后减振器体顶部，当压缩行程到达其最大行程时，该防冲帽保护后减振器柱上的低摩擦密封装置免受压缩行程限位缓冲块的损坏。一个软橡胶防尘罩保护后减振器柱，以免其变脏或受损坏。

5 转向机构

（1）认识转向管柱及拆解零部件。

汽车维修工入门 全程图解

很多车的转向管柱是可折叠的机构，在车辆遭遇严重撞击时，考虑到发动机和转向系统部件位置的移动，转向管柱上部可向远离驾驶员的方向滑动，而下部则可伸缩。转向管柱及拆解零部件见图1-32。

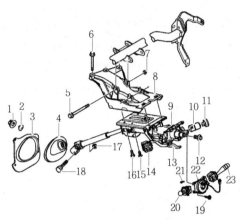

图1-32 认识转向管柱及拆解零部件

1—嵌钉；2—饰钉；3—转向柱密封盖；4—转向柱防尘罩；5、6、16、18—螺栓；7—螺母；8—转向管柱支架；9—转向管柱总成；10—转向柱锁芯；11—识别线圈；12—螺柱垫圈组合件；13—转向管柱调整解锁手柄；14—点火开关；15、21—螺钉；17—自锁螺母；19—自攻螺钉；20—转向/远光拨杆开关总成；22—旋转耦合器；23—刮水/洗涤拨杆开关总成

维修图解

转向管柱如图1-32所示。

转向管柱安装在一个单件式铸铝支架上，该支架与车身及仪表板梁连接。转向盘高度及倾斜度在每个平面内都有50mm的调节量。为使倾斜度调节变得轻松，在每个调整终点处，都有一个平衡弹簧及限位衬垫。在转向管柱与前围隔板之间，有一个双壁式密封护圈。

（2）认识液压动力转向机拆解及零部件。

动力转向机从一个锁止位置到另一个锁止位置需转 2.86 转，橡胶波纹管护罩罩住转向齿轮齿条的运动区域。转向横拉杆一端装配在带螺纹的转向机上，并以锁紧螺母固定，可以起到转向系统对正的调整作用。转向横拉杆另一端都用锁紧螺母固定在前轮毂处延伸出来的转向臂上。液压动力转向机拆解及零部件见图 1-33 和图 1-34。

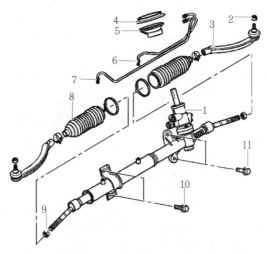

图 1-33 液压动力转向机拆解及零部件（一）

1—动力转向机总成；2，9—螺母；3—转向横拉杆球节；4—护圈；5—密封圈；6，7—供油管；8—波纹护罩；10，11—螺栓

维修图解

液压动力转向机如图 1-33 所示。

动力转向机安装在位于前副车架后横梁之下的一个合适的位置上。由于动力转向机的安装点与悬架转动支点都是由精确机

加工而成的刚性前副车架确定的，故在任何时候，都能保持转向齿轮齿条机构与悬架之间相对的设计几何尺寸关系。动力转向机由四个螺栓固定，其中两个穿过紧固动力转向机管的压板，另两个穿过处于转向阀单元一端的与动力转向机管一体的固定脚。一个带螺栓及螺母的"双D形"机构将转向管柱固定在动力转向上。

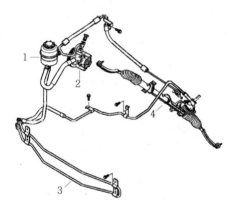

图1-34 液压动力转向机拆解及零部件（二）

1—动力转向储油罐总成；2—动力转向油泵；3—转向油冷却器总成；4—动力转向机总成

维修图解

液压动力转向系统如图1-34所示。

液压动力转向系统主要包括：一个两截式并可折叠的转向管柱，一个助力转向机，一动力转向油泵，一压力传感器（汽油型），一动力转向储油罐，转向油冷却器及转向油硬管和软管。

6 认识制动系统零部件

(1)制动系统布局及零部件见图1-35。

制动系统包括前盘式制动装置及后盘式制动装置,前、后盘式制动由带真空助力装置的双回路液压制动系统按对角方式分别控制。现在很多车型上,制动系统还带有防抱死系统(ABS)、电子制动力分配(EBD)、制动衬块磨损传感装置和电子牵引力控制(TCS)为标准配置。制动系统布局及零部件见图1-35。

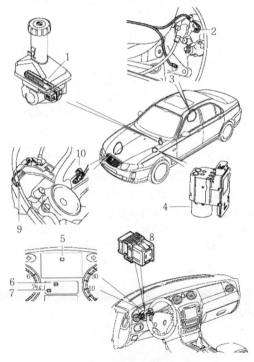

图1-35 制动系统零部件

1—制动液液面开关;2—后制动块磨损传感器总成;3—后ABS传感器总成;4—ABS泵;5—后制动块磨损警示灯;6—ABS警示灯;7—制动系统/手制动/EBD警示灯;8—制动灯开关总成;9—前制动块磨损传感器总成;10—前ABS传感器总成

（2）盘式制动器拆解及零部件见图1-36。

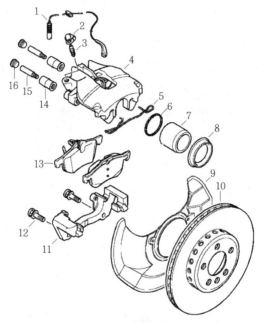

图1-36 盘式制动器拆解及零部件

1—前制动衬块磨损传感器总成；2—螺钉帽；3—排空螺钉；4—前制动钳壳体；5—前制动钳止动弹簧；6—前制动钳活塞密封；7—前制动钳活塞；8—活塞防尘罩；9—前制动盘护板；10—前制动通风盘；11—前制动钳支架；12—螺栓；13—前制动衬块；14—前制动钳导销衬套；15—前制动钳导销；16—前制动钳导销饰盖

维修图解

盘式制动器如图1-36所示。

（1）每个前制动器由一个安装在轮毂上的、单活塞的、滑行制动钳总成及一个带通风装置的制动盘组成。制动盘的内侧有一个护板保护。在右制动器上,一个制动衬块磨损传感器连接在制动衬块内侧,并通过电线与后制动衬块磨损传感器串联在一起。传感器连接导线的接头位于发动机舱的内挡泥板上。

(2)当液压压力传递到制动钳时,活塞向外伸展,迫使内制动衬块压靠在制动盘上。制动钳壳体受到反作用力作用,沿导向销滑行,带动外制动衬块与制动盘接触。如果制动衬块磨损得足够厉害,则右侧制动盘的磨损通过制动衬块磨损传感器,使磨损传感器连接导线断开电路,从而使仪表板上的制动衬块磨损警示灯变亮。

(3)手制动装置零部件见图1-37。

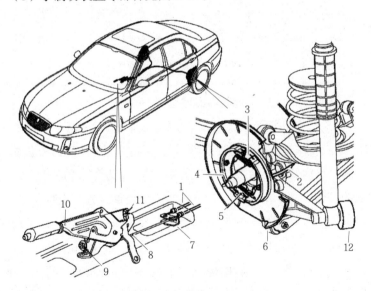

图1-37 手制动装置零部件

1—手制动后拉索总成;2—手制动后拉索护管;3—手制动调节装置;4—后制动蹄片;5—后制动鼓张紧装置;6—后制动护板总成;7—手制动拉索张紧装置;8—手制动前拉索;9—手制动调整螺母;10—手制动拉杆总成;11—手制动警示开关;12—后轴动力缓冲器

维修图解

手制动装置（驻车制动）如图1-37所示。

（1）手制动含有一鼓式制动器，该鼓式制动器与主制动器的后制动盘组合成一体，由连接在位于前排座位间的手制动拉杆总成上的拉索控制。

（2）手制动拉杆总成安装在中央通道上。在该系统中安装有一个传统的棘齿机构及一个由拇指操纵的释放按钮，用以锁止及释放手制动拉杆总成。在手制动操纵杆总成上安装有一个报警开关，控制位于组合仪表上的手制动警示灯。当实施手制动时，报警开关将一根地线连接到组合仪表上，如果点火开关开启，则该地线使制动警示灯发亮。每次点火开关开启后，组合仪表会对制动警示灯的灯泡实施一次检查。

（4）制动系统电子控制零部件见图1-38。

ABS是主动型传感器（即它们接受来自ABS调节器的电源供给），它们将车轮速度信号传送给ABS控制单元。传感器安装在每个前轮的轮毂内及每个后悬架的纵臂内，非常靠近每个相关的车轮轴承内侧的密封装置。与车轮一起旋转的密封装置含有一个带48对磁极的磁性元件，当车轮旋转时，密封装置内的磁极在ABS传感器内产生电压波动，该电压波动被转换成方波信号，并被输出到ABS控制单元，信号的频率与车轮的速度成比例。实际使用时，每个ABS传感器都有一个位于发动机舱内或行李厢内的连接导线，将其与整车线束连接。

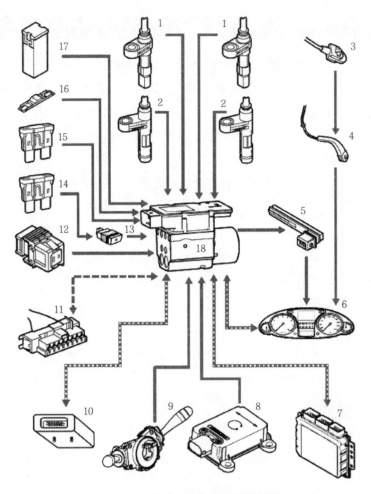

图 1-38 制动系统电子控制零部件

1—前 ABS 传感器；2—后 ABS 传感器；3—后制动衬块磨损传感器；4—前制动衬块磨损传感器；5—制动液液面开关；6—组合仪表；7—发动机控制模块（ECM）；8—偏航传感器；9—转角传感器；10—自动变速器 ECU；11—诊断连接器；12—制动灯开关；13—牵引力控制开关；14—牵引力控制开关保险丝—乘客舱保险丝盒；15—点火电源保险丝—乘客舱保险丝盒；16，17—蓄电池电源熔断丝—发动机舱保险丝盒；18—ABS 泵（调节器/控制单元）

四、电气设备

电气设备在第五章深度入门维修章节具体讲述。

电气设备包括供电和总线系统、发动机电气系统、汽车照明和信号装置、空调和暖风装置、中央车身电气系统及其他辅助电子控制系统等，其中发动机电气系统包括启动系统和点火系统、发电机、发动机管理系统等。

汽车的电气设备是用来保证汽油机点火、发动机启动、照明和发出灯光信号的，监视发动机及其他机构的技术状态，保障空调和其他一些电子控制装置的正常工作。电气设备通常由电源和耗电设备组成。我国汽车电气系统的电压，一般采用12V、24V，负极搭铁。

第三节 了解车辆维修养护周期

一、发动机维修养护周期

1 机油更换周期

机油即发动机润滑油。机油的更换期限一般在5000km或者6个月,以哪个先到为准。笔者建议对于新车或者刚刚大修完的车辆,第一次更换机油应该在小于5000km时进行。

发动机内活塞和汽缸壁等部件,金属表面相互摩擦,且运动速度快、环境特殊,工作温度巨高。在这样恶劣的工况下,只有合格的润滑油才能减少发动机零件的磨损,延长使用寿命。而劣质机油会导致活塞环卡死,进而导致发动机严重故障。

2 机油滤清器更换周期

机油滤清器即机油滤芯,在更换机油时候必须一同更换。

3 空气滤清器和空调滤芯更换周期

笔者认为,每隔10000km更换一次空气滤清器和空调滤芯。根据车辆行驶环境可适当调整更换周期。

4 燃油滤清器和火花塞更换周期

外置燃油滤清器在每更换两次机油的周期更换一次燃油滤清器，也就是10000km更换一次即可。如果是内置在燃油箱的燃油滤清器，应该在20000~30000km更换一次。30000km更换一次火花塞。

5 正时皮带和水泵更换周期

正时皮带在发动机中非常重要，一般60000km更换一次。更换正时皮带时，如果是水泵与正时皮带相驱动的，那么水泵也一同更换，同时更换张紧器或张紧轮。

6 冷却液更换周期

冷却液要每2年更换一次。

在冷却液中含有添加剂和抗泡沫添加剂，这些添加剂会在使用过程中逐渐地丧失应有的功能，以至于无法对冷却系统内部进行很好的保护，也就是说，在冷却系统不发生泄漏的前提下，冷却液对于温度的控制基本不会变，但由于添加剂失效，特别是抗泡沫添加剂，在水泵叶轮的搅动下，会使冷却液产生气泡，这气泡会大大削弱冷却液的效果。所以，冷却液最好能按期更换。

7 清洗养护

发动机进气歧管和进气道内有积炭，通常建议30000km左右清洗一次进气道。喷油嘴同样在30000km时候进行一次清洗。

二、变速器维修养护周期

1 ATF 更换周期

通常应该每 60000km 更换一次 ATF，同时更换自动变速器油滤芯。

自动变速器油（Automatic Transmission Fluid）简称 ATF，是指专用于自动变速器的油液。ATF 对自动变速器的工作、使用性能以及使用寿命都有非常重要的影响。汽车自动变速器保养的主要内容就是对 ATF 的检查和更换。

2 手动变速器齿轮油

笔者认为，手动变速器齿轮油在 60000~80000km 更换一次就可以。

三、制动系统维修养护周期

1 制动液更换周期

制动液必须每 2 年更换一次，如果 2 年不到，建议行驶里程超过 60000km 的，更换制动液。制动液必须使用该车型手册指定的型号，不得与其他品牌、型号的制动液混加。

随着时间和里程的增加，制动液会慢慢吸收空气中的水分，制动液中过高的含水量可能会引起制动系统的腐蚀损伤。此外，制动液的沸点也会明显下降，在高负荷制动的情况下，制动系统中会产生气泡，从而使制动效能降低。

2 制动片更换周期

（1）制动摩擦片磨损到整个厚度的 1/3 时，需要更换。

（2）制动盘磨损出不平的槽沟时需要更换制动盘，这时需要一同更换制动摩擦片。

（3）鼓式制动器：制动鼓磨损有不平的沟槽时视情况更换，一同更换蹄片。

（4）制动蹄片：一般来讲，制动蹄片的更换周期是前制动片更换周期的 1/3。

四、车轮和转向系统维修养护周期

1 转向助力油更换周期

转向助力油每隔 2 年更换一次。转向助力泵皮带建议 60000～80000km 更换一次。

2 轮胎更换周期

轮胎磨损到一定程度必须要更换，一般是在胎面上的磨损极限标记（图 1-39）露出时就不再使用该轮胎，在正常道路行驶的普通轮胎更换周期为每行驶 80000km 左右。

轮胎磨损指示器：1.6mm

指示标记

图 1-39　轮胎磨损极限标记

第四节 车辆维修中的禁忌和警告

1 设备操作警告

(1)确保举升机有足够的负重能力,保证举升机在提举和支撑工作时处于水平位置,使用手制动和楔子来固定车轮。

不要在只靠一个千斤顶支撑的车顶或底部工作,必须把车支撑在举升机上。

(2)如在临近燃油箱的地方焊接,要先排空其中的燃油,在焊接前移出燃油箱再进行焊接。

2 关于汽油/汽油蒸气的警告

(1)汽油或汽油蒸气极易燃烧,如果存在火源可能导致火灾,为防止火灾或爆炸危险,切勿使用敞口容器排出或存放汽油或柴油。请在附近准备一个干式灭火器。

(2)汽车不能在修理地沟上排空车内燃油,排空要在通风的地方进行。

(3)在维修燃油系统前,请先拆下燃油箱盖并卸去燃油系统压力,以降低人身伤害的风险。卸去燃油系统压力后,在维修燃油管路、喷油泵或接头时,会溢出少量燃油,为降低人身伤害的风险,在断开前用抹布包住燃油系统部件,抹布可以吸附泄漏的燃油。断开连接后,将抹布放入经批准的容器内。

3 维修防抱死制动系统部件的警告

防抱死制动系统（ABS）中的某些部件不能单独维修，试图拆下或断开某些系统部件，可能导致人身伤害和/或系统运行不正常，只能维修那些被批准拆卸和安装的部件。

4 蓄电池断开的警告

（1）在维修任何电气部件前，点火和启动开关必须置于 OFF 或 LOCK 位置，并且所有电气负载必须关闭，除非操作程序中另有说明。将蓄电池负极电缆断开，以防止工具或设备接触裸露的电气端子从而产生电火花。违反这些安全须知，可能导致人身伤害和/或损坏车辆或车辆部件。

（2）为了避免给电子元件带来损害，运行电子系统时要先断开蓄电池连接，首先断开且最后接上接地电线。

（3）总要确保蓄电池导线连接正确，不能存在潜在隐患。

5 制动液刺激性的警告

制动液会刺激眼睛和皮肤，一旦接触，应采取以下措施。
（1）如不慎入眼，用清水彻底冲洗。
（2）如接触皮肤，用肥皂和清水清洗。

6 放油螺塞孔检查变速器油的警告

拆下变速器油加注螺塞时，发动机必须处于运行状态，否则会流失过多油液。变速器油可能很烫，由于不知道实际的油位，因此拆下加注螺塞时要远离加注口。准备好容器，接收流出的油液。拆下加注螺塞后，切勿关闭发动机，否则会被从加注口喷出的热变速器油烫伤。

7 排气系统维修的警告

为避免被烫伤，在排气系统很烫时不要维修排气系统，请在排气系统冷却后再进行维修。

8 安全气囊系统安全带预紧器的警告

在拿取未展开的安全气囊系统安全带卷收器预紧器时，应注意以下几点。
（1）不要通过安全带或引线连接器来拿取安全带预紧器。
（2）应通过壳体拿取安全带预紧器，手和手指要远离安全带。
（3）确保安全带开始拉伸处的开口朝下，且安全带自然悬挂，否则可能导致人身伤害。

9 球头螺栓拆卸的告诫

请勿用鹤嘴叉或楔形工具松开球头螺栓，否则可能导致密封件或衬套损坏。

10 皮带油的告诫

不要对传动皮带使用皮带油，皮带油会导致传动皮带材料断裂，违反本建议会损坏传动皮带。

11 制动液对油漆和电气部件影响的告诫

避免制动液溅到油漆表面、电气连接器、线束或电缆上。制动液会损坏油漆表面并导致电气部件腐蚀。如果制动液接触到油漆表面，应立即用水冲洗接触部位。如果制动液接触到电气连接器、线束或电缆，用干净的抹布将制动液擦去。

12 部件紧固件紧固的告诫

更换部件的零件号必须正确。需要使用螺纹密封胶、润滑剂、阻蚀剂或密封胶的部件应在维修程序中指出，有些更换部件可能已经带有这些涂层，除非特别说明，否则不得在部件上使用这些涂层，这些涂层会影响最终扭矩，从而可能影响到部件的工作状态。安装部件时，应使用正确的扭矩规格，以免造成损坏。

13 驱动桥的告诫

将下控制臂支撑在正常水平位置，以避免损坏驱动桥。在车轮下悬的整个行程中，不要挂挡运行车辆。

14 紧固件的告诫

请在正确的位置使用正确的紧固件，更换紧固件的零件号必须正确。需要更换的紧固件或需要使用螺纹锁止剂或密封剂的紧固件应在维修程序中指出，不得在紧固件或紧固件连接表面使用油漆、润滑剂或阻蚀剂，除非另有说明，这些涂剂影响紧固件的扭矩和夹紧力，并可能损坏紧固件。安装紧固件时，使用正确的紧固顺序和紧固规格，以避免损坏零件和系统。

15 加热型氧传感器和氧传感器的告诫

切勿拆下加热型氧传感器或氧传感器的引线，拆下引线或连接器将会影响传感器的工作。

不要掉落加热型氧传感器。应保持直列式电气连接器和格栅式散热端无润滑脂或其他污染物。不要使用任何类型的清洗剂。不要修理线束、连接器或端子。如果引线、连接器或端子损坏，则应更换氧传感器。

维修加热型氧传感器时，必须遵循以下原则。

（1）切勿在传感器或车辆线束连接器上涂抹触点清洁剂或其他材料，这些材料会进入传感器，导致性能不良。

（2）不要损坏传感器的引线和线束，导致其内部导线外露，这样提供了异物进入传感器的通道并导致性能故障。

（3）确保传感器或车辆引线没有较大的折弯或扭结，较大的折弯或扭结会堵塞通过引线的基准空气通道。

（4）确保车辆线束连接器外围密封完好无损，以避免因进水而造成损坏。

16 三效催化转换器损坏的告诫

为防止损坏更换后的三效催化转换器，更换三效催化转换器前先排除发动机缺火或机械故障。

17 转向装置的告诫

（1）车轮保持在正前位置，利用转向柱防转销、转向柱锁止系统或箍带固定方向盘避免旋转。转向柱的锁止可防止安全气囊系统的损坏和可能出现的故障。

（2）在将内转向横拉杆从转向机上移走之前，不要改变转向机的预紧力。在将内转向横拉杆移动之前就改变转向机的预紧力，会导致锥齿轮和转向机损坏。

（3）方向盘处于极限转向位置的持续时间不要超过5s，否则可能损坏转向泵。

（4）添加或彻底更换油液时，务必使用正确的动力转向液。使用不正确的油液，将导致软管和密封件损坏以及油液泄漏。

18 正时传动链条反作用扭矩的告诫

为避免部件损坏，在松开或紧固时，必须用扳手扳住凸轮轴的六角部位。如果不能避免正时链条反作用扭矩，则会导致正时传动链条故障。

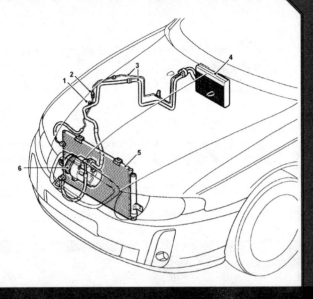

《第二章》
初步入门维修

CHAPTER 2

第一节 例行检查和常规保养

一、发动机机油油位检查

启动发动机前,将汽车水平停稳检查发动机机油油位。如果发动机已启动,则关闭发动机,等待数分钟再检查。

维修图解

(1)拔出机油尺并擦拭干净。

(2)插入机油尺,确认发动机机油液位在如图2-1所示的范围内。

(3)如果超出范围,请调整。

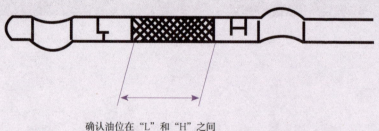

确认油位在"L"和"H"之间

图2-1 机油油位检查

二、ATF 检查

维修图解

如图 2-2 所示,自动变速器用本身带有的油尺进行检查。

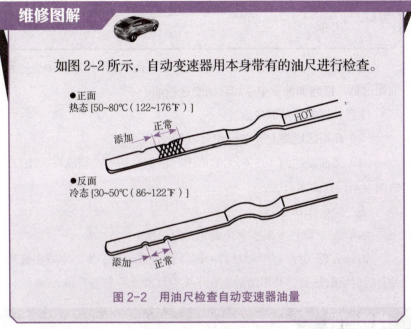

图 2-2 用油尺检查自动变速器油量

用油尺检查时,一般应按以下步骤进行。

(1)检查有无自动变速箱液泄漏。

(2)行驶前,当油温处在 30～50℃时,使用自动变速箱油尺的"COLD"范围检查油面高度。

1)将车辆停放在水平地面上,拉起驻车制动手柄。

2)启动发动机,并将选挡杆在各挡位位置上移动,最后将选挡杆置于"P"位置。

3)在发动机怠速时检查自动变速箱液的高度。

4)拔出自动变速箱油尺,用无绒纸擦净。

5)重新将自动变速箱油尺尽可能地插入加油管中。

维修提示

使用附带限位器将自动变速箱油尺牢靠地固定在自动变速箱油加注管中。

6）拔出自动变速箱油尺，观察油尺指示。如果指示自动变速箱油面过低，应向加油管中添加自动变速箱油。

注意，请勿过量加注油液。

（3）在城区道路上驾车行驶大约5min。

（4）当油温达到50～80℃的范围时根据自动变速箱油尺"HOT"范围重新检查油面高度。

（5）检查ATF状况。

如果ATF颜色发黑或有焦煳味，应更换。

如果ATF中含有摩擦材料（离合器和制动带）等，则应在修理A/T后更换散热器，并用清洁剂和压缩空气冲洗冷却器管路。

维修图解

如图2-3所示，从溢流塞处进行检查（这种自动变速器本身不带油尺，也没有油尺导管，可以有加油口螺塞，有的则必须从溢流塞孔处加注自动变速器液）。

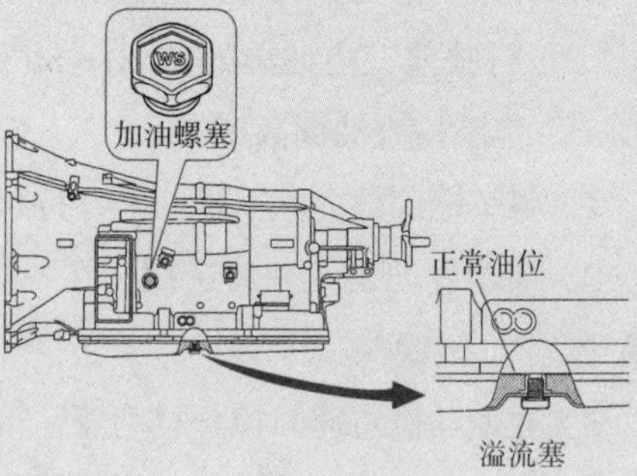

图2-3 从溢流塞处检查自动变速器油量

三、制动液检查

在车辆行驶过程中，由于制动摩擦片的损耗及其自动调整，使制动液液面产生轻微的下降，这种情况是正常的。制动液非正常下降，将会导致车辆隐患，甚至出现重大安全事故，所以一定要在例行保养中检查制动液。

如图 2-4 所示，检查制动液液面是否位于储液罐的 MAX 和 MIN 标记之间。如果大于 MAX，则可能是制动液加注过多；如果小于 MIN，则可能是制动系统某部分发生渗漏所致，此时应仔细检查制动系统是否存在渗漏现象，之后再将制动液加注到标准范围。

图 2-4 制动液液位标记

四、转向助力油的检查

油泵是负责产生油压的,油泵是第一个要检查的部件。在整个转向范围,如果注意到部分或间歇动力转向损失,这通常是由于油泵动力不足造成的,这很可能是由于转向助力油的问题所导致的。

维修图解

（1）测量储液罐油位,必须在规定油位,见图2-5。

（2）储液罐油位必须在车辆冷时测量,在车辆和动力转向操作后,不能正确测量。如果车辆在重载下行驶过,更是如此。

（3）使用储液罐油位表来测量油位,如果油位低,将其添加到规定油位。

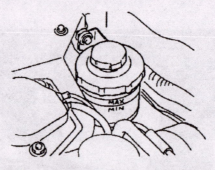

图2-5 转向助力油油位的上下限标记

（4）要使用车辆及其装备规定使用的油液,使用不符合规定的油液会导致故障。

（5）如果测量的油位低,则仔细检查是否泄漏。

（6）检查油液质量和状况,如果变脏或烧蚀,则应进行更换。

五、冷却液的检查

检查冷却液的液面位置，冷却液的液面位置应在低和满两条标记线之间（图2-6）。如果液面位置低，则应检查是否有渗漏，并添加冷却液至上限线位置。

图 2-6　冷却液限位标记

维修图解

冰点仪使用方法：

如图 2-7 所示，冰点仪是测试防冻液温度的专用仪器，具体使用方法如下。

（1）掀起盖板用柔软绒布将盖板及棱镜表面擦拭干净。

（2）将待测液体用吸管滴于棱镜表面，合上盖板轻轻按压，将折射计对向明亮处。

（3）旋转目镜使视场内刻度线清晰，如图 2-8 所示，读出明暗分界线在标示板上相应标尺上的数值即可。

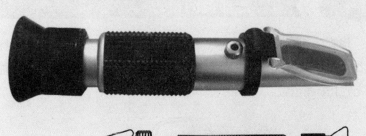

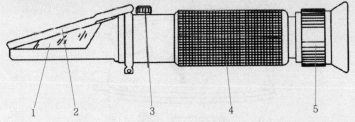

图 2-7 冰点仪

1—折光棱镜；2—进光板；3—零位校正螺钉；4—橡胶套；5—接目镜

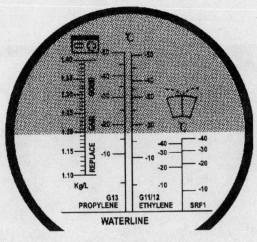

图 2-8 读取数值

六、蓄电池的检查

免维护蓄电池点检查见表 2-1。

表 2-1 免维护蓄电池的检查

项目	图解		图示/示意图
电眼	① 电眼可以通过一个颜色指示器提供有关蓄电池电量状态和酸液液位的信息 ② 通过对单个单格电池的检查，便足以反映整个蓄电池的起始负荷情况 ③ 在利用电眼进行目测之前，请用螺丝刀的手柄小心敲打电眼，任何气泡都会造成色散影响指示器的检测，气泡去除后，电眼的颜色显示更加准确		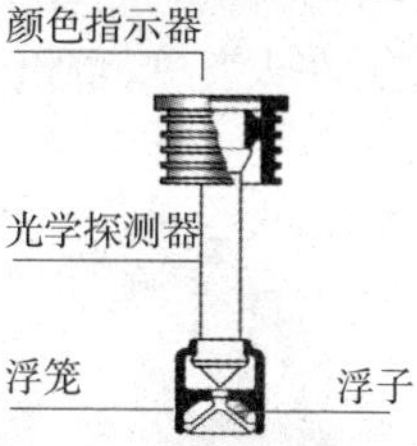 颜色指示器 光学探测器 浮笼　浮子  电眼
	电眼的指示器可能有三个不同颜色	绿色	良好的电量状态 >65%，蓄电池正常	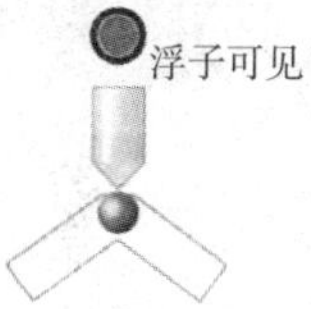 浮子可见
		黑色	不良的电量状态 <65%，需充电	 浮笼可见
		黄色或无色	电解液液位太低，更新蓄电池	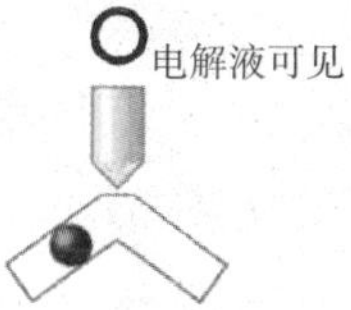 电解液可见

七、火花塞的检查

火花塞的电极正常颜色为灰白色，如电极烧黑并附有积炭，则说明存在故障（图2-9）。检查时可将火花塞与缸体导通，用中央高压线触接火花塞的接线柱，然后打开点火开关，观察高压跳电位置。如跳电位置在火花塞间隙，则说明火花塞作用良好，否则，即需换新。

图2-9 电极消耗

维修图解

火花塞上有沉积物（图2-10），火花塞绝缘体的顶端和电极间的积炭严重时可能造成发动机内部机械损坏。事实上，火花塞出现沉积物或者积炭只是一种直观的表面现象，这有可能是发动机相关电气或机械部件故障的信号，应及时维修。

图2-10 火花塞积炭（沉积物）

八、常规保养

通常说的更换机油和四滤是汽车保养的关键,这四滤包括机油滤清器、燃油滤清器、空气滤清器和空调滤芯,都需要定期更换。对于汽修初学者来讲,更换四滤是最基本的维修和养护操作,过程中要注意一些细节和要领。

1 更换燃油滤清器(外置)

燃油滤清器的任务是:滤清燃油中的杂质和水分,防止燃油系统堵塞,减小机件磨损,保证发动机正常工作。燃油滤清器相关组件见图2-11。

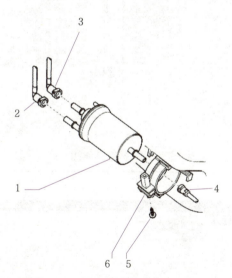

图2-11 燃油滤清器(宝来1.6)

1—燃油滤清器;2—燃油供油管路(黑色,来自燃油箱);3—燃油回油管路(蓝色,连接燃油箱);4—燃油供油管路(黑色,到发动机);5—螺栓;6—支架(用于支撑燃油滤清器)

维修图解

拆卸燃油滤清器步骤如下（图2-12）。

（1）拆下进油管路1和3以及回油管路2。

（2）松开管路时按压卡环，旋出螺栓4。

（3）取下燃油滤清器。

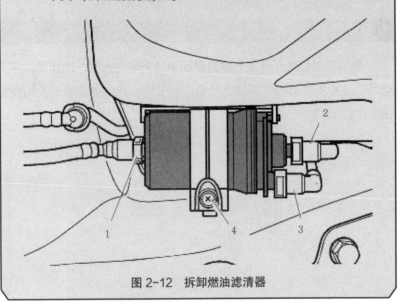

图2-12 拆卸燃油滤清器

维修图解

安装燃油滤清器的步骤如下（图2-13）。

注意，燃油滤清器上有箭头标记表示燃油流动方向，接头不要混淆。

(1) 燃油流动方向在滤清器壳体上用箭头标出。
(2) 滤清器壳体上的销钉2必须嵌入滤清器支架上导向件的凹口1中。
(3) 启动发动机，检查燃油滤清器接头处是否泄漏。

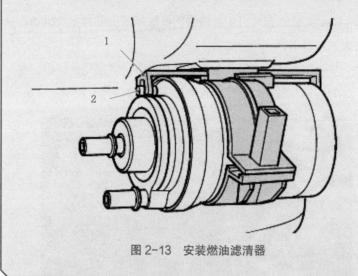

图2-13 安装燃油滤清器

2 更换机油滤清器

机油滤清器用于清洁机油，防止污物颗粒进入机油回路并因此进入轴承部分，这样可以避免发动机油因固体杂质（例如金属磨损颗粒、炭烟或灰尘颗粒）提前变质。

当前车辆发动机使用所谓的主流量机油滤清器，机油滤清器位于机油泵与发动机润滑部位之间的主机油流内，也就是说，机油泵输送的全部机油在到达润滑部位前都要通过该滤清器，因此润滑部位只获得清洁的机油经过。

维修图解

拆装机油滤清器的步骤如下（图2-14）。

（1）拆卸机油滤清器时用专用扳手松开机油滤清器（逆时针转动）。

（2）安装时在新机油滤清器的橡胶垫圈上涂上一点机油，拧上新机油滤清器，用手拧紧。

（3）加入机油，然后盖好机油加油盖，并启动发动机，检查机油滤清器和放油螺塞处是否有渗漏现象。

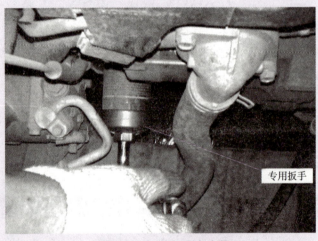

图2-14 拆装机油滤清器

3 更换空气滤清器（滤芯）

汽车空气滤清器是主要负责清除空气中的微粒杂质的装置。活塞式机械（内燃机、往复压缩机等）工作时，如果吸入空气中含有灰尘等杂质就将加剧零件的磨损，所以必须装有空气滤清器。空气滤清器由滤芯和壳体两部分组成。空气滤清器的主要要求是滤清效率高、流动阻力低。更换空气滤清器也就说的是更换图 2-15 中的空气滤芯。

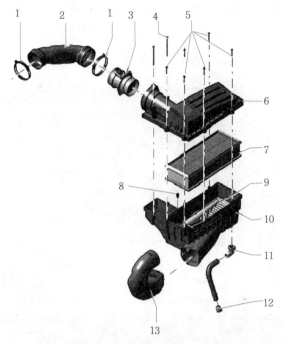

图 2-15　空气滤清器总成（迈腾 1.8T）

1—弹簧卡箍；2—空气导向管；3—空气质量流量计；4，5，8—螺栓；6—空气滤清器壳上部件；7—空气滤芯（需要例行保养更换）；9—防雪网；10—空气滤清器壳下部件；11—排水软管接头；12—摆动阀；13—进气导管

维修图解

拆装空气滤清器（滤芯）的步骤如下。

空气滤清器位于发动机舱，而且更换相当方便。如图 2-16

所示，发动机舱布置前驱飞度轿车，打开发动机舱，蓄电池的正极左侧就是空气滤清器的位置。空气滤清器被一个密封壳体覆盖，进气管连接在此壳体上方，要更换空气滤清器就要拆开这个壳体盖。有些空气流滤清器上壳是用螺栓锁紧的，但拆装一般都比较简单，例如斯柯达晶锐。

图 2-16　拆装空气滤清器

空气滤清器上壳体盖四周有4个卡扣，用于把塑料壳体压紧在空气滤清器上方，保持进气管路的密封。卡扣的结构较为简单，通过往外掰卡扣就能把其拆除，掰开卡扣后打开塑料壳体，取出空气滤清器（滤芯）。

4 更换空调滤芯

空调滤芯主要安装在两个位置，一是在副驾驶座位的手套箱后面，二是在挡风玻璃右下侧。

维修图解

拆装空调滤芯的步骤如下。

（1）如图2-17所示，现代伊兰特，空调滤芯安装在副驾驶座位的手套箱后面，将杂物箱拆卸下来，用螺丝刀拆下挡片上的2个螺栓，就可以取出空调滤芯了。

图2-17 拆卸空调滤芯（一）

（2）如图2-18所示的帕萨特领驭，空调滤芯在发动机舱内（挡风玻璃右下侧），副驾驶室对应的一侧雨刮器下方，用螺丝刀拆下罩盖即可取出，拆卸非常简单。

拧下螺栓，取出空调滤芯

图2-18　拆卸空调滤芯（二）

第二节 常见简单零部件更换

 一、拆装电动燃油泵

拆装电动燃油泵的步骤见表 2-2。

表 2-2　拆装电动燃油泵

项目	拆卸步骤	安装步骤	图解
更换电动燃油泵总成	① 释放燃油系统压力,将汽油泵保险或继电器拔下,启动发动机 3~5s ② 断开蓄电池负极电缆	① 清洁燃油箱衬垫接合面 ② 将密封环放置就位,做好出油管路或回油管与油箱位置标记或记住汽油泵控制单元法兰箭头标记	拔下汽油泵控制单元法兰上的连接插件时一定要按下图中箭头方向稍用力松开插件卡子再向上拔出插件 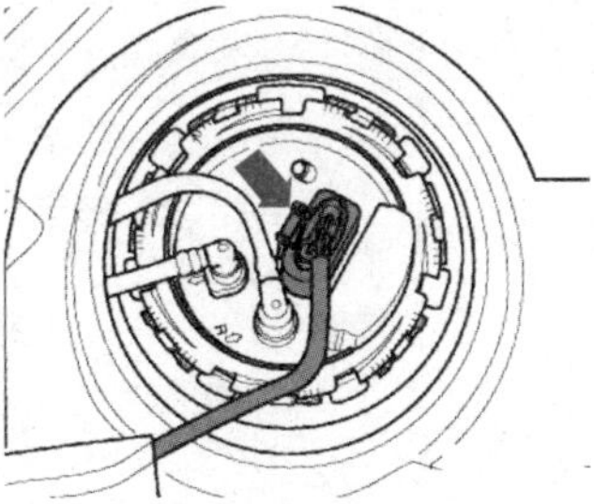

续表

项目	拆卸步骤	安装步骤	图解
更换电动燃油泵总成	③ 拆卸后排座椅或者后备厢地毯	③ 按拆卸时的位置将燃油泵装回到燃油箱中，以便安装油管和连接器	拆下汽油泵总成时一定要用专门工具拆卸，按照下图规范操作 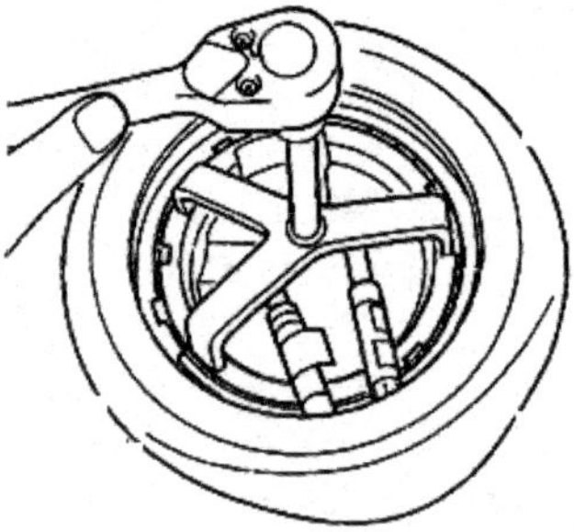
	④ 拆卸燃油泵检修盖	④ 放上锁环并顺时针拧动，直至它接触燃油箱上的止动器	
	⑤ 断开燃油泵总成的电气连接器	⑤ 连接燃油泵总成连接器	

续表

项目	拆卸步骤	安装步骤	图解
更换电动燃油泵总成	⑥ 断开出油管	⑥ 安装燃油泵出油管	拆装油泵出油和回油管时，要将油管插入到油泵油管接口底部，使其密封锁止 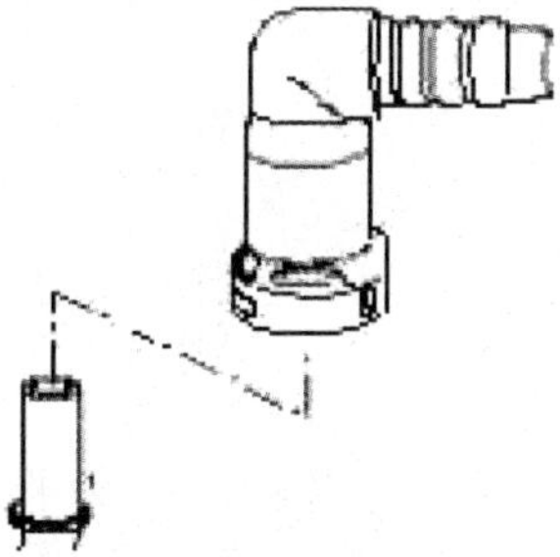
	⑦ 断开燃油箱回油管	⑦ 安装燃油箱回油管	
	⑧ 逆时针拧密封紧固卡环，以松开燃油箱与油泵控制单元法兰的锁止	⑧ 安装燃油泵检修盖	
		⑨ 连接蓄电池负极电缆	安装时一定要将密封环A拉过法兰并将其安装在燃油箱的开口中，如下图所示
	⑨ 从燃油箱上拆卸燃油泵总成	⑩ 进行燃油泵更换操作检查	
		⑪ 安装后排座椅或后备厢地毯	

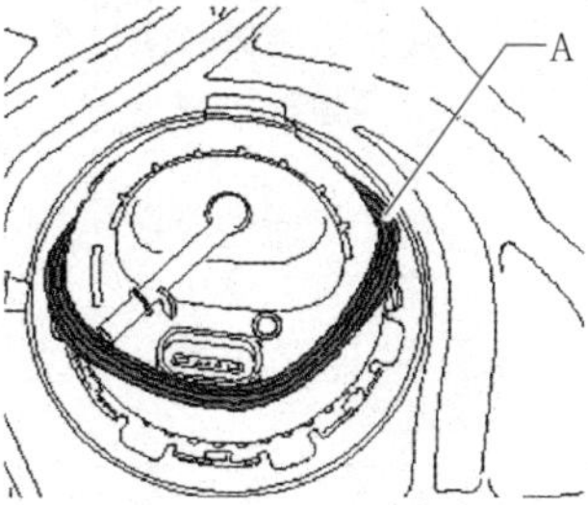

拆装节气门步骤见表2-3。

表2-3 拆装节气门(迈腾)

操作内容				图解
步骤	拆卸操作	步骤	安装操作	
第一步	拆下空气滤清器总成	第一步	在清洗、检查完后,安装节气门体	
第二步	拆下油门拉线(机械拉线节气门);首先将节气门操纵机构拧到最大位置,用左手扳住,右手捏住油门拉线,将其从操纵机构的豁口处取下;然后从油门拉线支架上取下拉线,取下限位卡子和垫片,放在安全位置保管好;最后将固定在节气门体上的油门拉线支架拆卸掉	第二步	安装节气门位置传感器插头	拆下进气软管(箭头处) 节气门的4个固定螺栓(箭头处)
第三步	用合适的扳手拧松节气门体上的3个紧固螺栓,拆下节气门体	第三步	安装节气门体上的油门拉线支架并紧固(机械拉线节气门)	

续表

操作内容				图解
步骤	拆卸操作	步骤	安装操作	
第四步	取下节气门体上与空气滤清器接合部位的密封胶圈，以防止清洗剂腐蚀胶圈，使胶圈发胀、断裂；取下密封胶圈后，检查是否有老化、裂纹迹象	第四步	安装油门拉线，安装过程与拆卸过程相反，安装完后应检查调整油门拉线的松紧度（机械拉线节气门）	①清洗时，重点清洗节气门体腔、节气门及节气门轴等部位，直至没有污物为止；清洗后反复扳动节气门操纵机构，检查节气门开关是否自如；另外，还要清洗进气道与节气门体的接合面，清洗前先拆下密封胶圈，以防被腐蚀 ②清洗节气门时，集成电路罩盖必须朝上，以免损坏其中元件
第五步	清洗节气门体	第五步	安装空气滤清器总成	
		第六步	整个安装过程结束后，用检查仪检查发动机系统；自适应匹配节气门	

三、拆装进气歧管

拆装进气歧管步骤见表2-4。

表2-4 进气歧管的拆装（通用某车型）

步骤	操作内容		图解
	拆卸操作	安装操作	
1	拆卸燃油泵保险丝，启动发动机；在发动机熄火后，转动曲轴10s，以释放燃油系统中的燃油压力	安装进气歧管衬垫，安装进气歧管	① 断开进气歧管空气温度传感器连接器和端口节气门上进气软管
2	断开蓄电池负极电缆	按顺序安装进气歧管固定螺栓和螺母	
3	从进气歧管上断开蒸发排放炭罐清污电磁阀并松开托架螺栓	安装进气歧管支架	
4	断开进气歧管空气温度传感器连接器	将进气歧管支架上螺栓安装到进气歧管上，将进气歧管支架下螺栓安装到发动机体上	
5	从节气门体上断开进气管	安装燃油分配管和喷油器罩	
6	断开怠速空气控制(IAC)阀连接器	安装节气门拉线托架	
7	断开节气门位置传感器连接器	安装节气门拉线托架螺栓	
8	断开歧管绝对压力(MAP)传感器连接器	将节气门拉线连接到进气歧管和节气门体上	② 从节气门体上断开冷却液软管
9	从节气门体上断开冷却液软管	连接之前断开所有必要的真空软管	

续表

步骤	操作内容		图解
	拆卸操作	安装操作	
10	断开所有必要的真空软管,包括燃油压力调节器上的真空软管和进气歧管上的制动助力器真空软管	连接歧管绝对压力传感器连接器	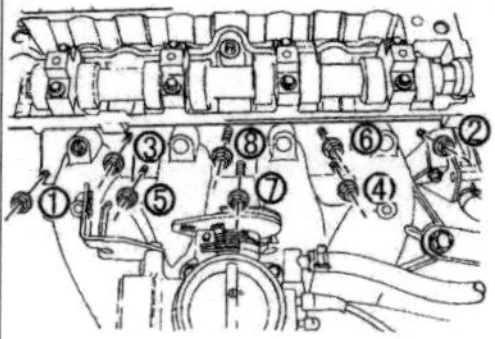 ③ 按图示顺序拆卸进气歧管固定螺栓和螺母
11	从节气门体和进气歧管上断开节气门拉线	将冷却液软管连接到节气门体上	
12	从进气歧管上拆卸节气门拉线托架螺栓	连接怠速空气控制连接器	
13	拆卸节气门拉线托架,拆卸发电机至进气歧管管箍带托架螺栓和箍带	连接节气门位置传感器连接器	
14	拆卸动力转向机软管卡箍螺栓并将软管从修理部位移开	使动力转向系统软管就位并安装卡箍螺栓	④ 按图示顺序安装进气歧管固定螺栓和螺母,按规定力矩紧固进气歧管固定螺栓和螺母
15	从发动机体和进气歧管上拆卸进气歧管支架螺栓	将进气管连接至节气门体	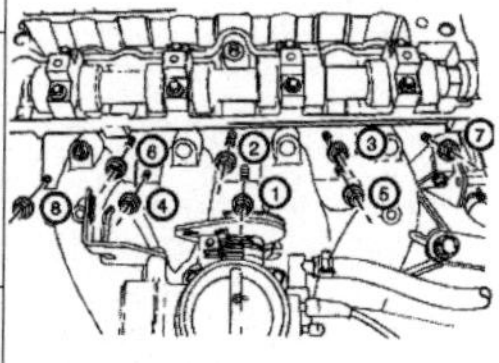
16	拆卸进气歧管支架	连接进气歧管空气温度传感器连接器	
17	按顺序拆卸进气歧管固定螺栓和螺母	将炭罐清污电磁阀连接至进气歧管并紧固托架螺栓	
18	拆卸进气歧管,拆卸进气歧管衬垫	安装燃油泵保险丝及电缆	

四、拆装排气管

1 排气管组件（图2-19）

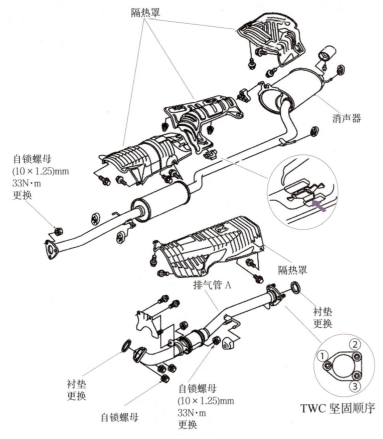

图2-19 某车型排气管分解图

2 拆卸和安装排气管（表2-5）

表2-5 拆卸和安装排气管

项目	步骤	操作内容
拆卸排气管	1	断开并拆卸后加热型氧传感器
	2	从催化转化器上拆卸前排气管螺母和衬垫
	3	拆卸前下排气管托架
	4	从前上排气管安装架上拆卸前排气管
	5	从前排气管法兰至第3消音器法兰连接处的橡胶吊环上拆卸前排气管
	6	拆卸前排气管法兰至第3消音器法兰固定螺母
	7	拆卸前排气管和衬垫
	8	清洁前排气管法兰和排气歧管密封面
	9	检查前排气管和催化转换器或第3消音器是否有孔洞、损坏、裂缝或导致废气漏入乘客舱或行李厢的其他损坏现象
安装排气管	1	安装第3消音器法兰与前排气管法兰之间的衬垫
	2	安装前消音器管
	3	安装前消音器管至第3消音器固定螺母，紧固前消音器管至第3消音器螺母至30N·m即可
	4	将前排气管安装至橡胶吊环
	5	将前排气管装入前上排气管安装架
	6	将前下排气管安装架安装到前排气管上
	7	用螺母将前下排气管安装架安装至前上排气管安装架焊接螺栓，紧固前下排气管安装架螺母至30N·m即可
	8	安装前排气管法兰和催化转换器之间的衬垫
	9	用螺母将前排气管安装至催化转化器，一般车型紧固前排气管至催化转化器法兰螺母至40N·m

五、更换前制动片

1 拆卸制动片

（1）拆下车轮，拆下防尘盖。

（2）从支架上取下制动摩擦片报警插头并断开。

（3）旋出制动钳固定螺栓。

（4）拆下制动钳壳体后，用金属线将其固定在车身上，以免制动钳重力压迫或损坏制动管。

（5）从制动钳壳体上拆下制动摩擦片。

2 安装制动片

（1）首先将带制动摩擦片的制动钳壳体下部安装到车轮轴承座上。

（2）用力推制动钳壳体至止入位。

（3）安装防尘盖，安装车轮。

（4）检查复位情况。

1）在停车状态下将制动踏板多次用力踩到底，使制动摩擦片达到其运行状态相应的位置。

2）更换制动摩擦片后，检查制动液液面高度。

维修图解

用活塞调整工具压回活塞（图2-20），将制动摩擦片插到制动钳和活塞间。

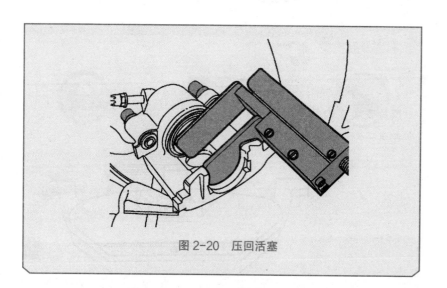

图 2-20 压回活塞

维修图解

注意制动钳位置复位，制动钳壳体凸台（图 2-21 中箭头位置）必须位于车轮轴承座导向后面。

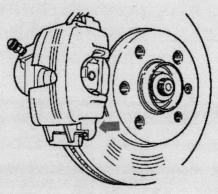

图 2-21 制动钳位置

维修图解

制动片标记如图 2-22 所示。带有较大三角架 1 的制动摩擦片安装在内侧（活塞侧），带有较小三角架 2 的制动摩擦片安装于制动钳壳体外侧。

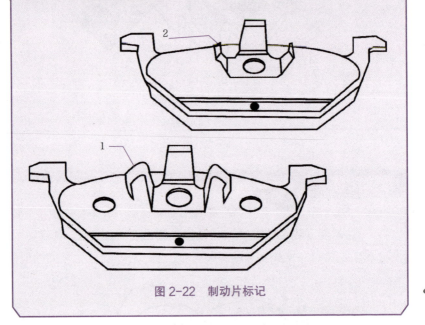

图 2-22　制动片标记

 六、更换后轮盘式制动片

1 拆卸后轮制动片

后轮盘式制动器装配见图 2-23，具体步骤如下。

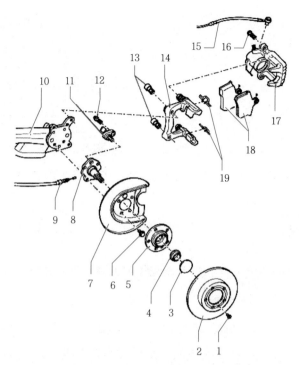

图 2-23 后轮制动器装配图

1—TORX 螺栓;2—制动盘;3—护盖;4—12 角自锁螺母;5—带车轮轴承和齿圈的轮毂;6—六角螺栓;7—盖板;8—轮毂轴;9—手制动拉索;10—后桥;11—ABS 转速传感器;12,13—内六角螺栓;14—带导向销和防尘盖的制动钳支架;15—制动管;16—自锁六角螺栓;17—制动钳壳体;18—制动摩擦片;19—摩擦片定位弹簧

(1) 拆下车轮。

(2) 从制动钳壳体上拧下固定螺栓 1 时,应固定住导向销。(图 2-24)

(3) 拆下制动钳壳体并用金属线固定,以免其重力压迫或损坏制动管。

(4) 拆下制动摩擦片和定位弹簧。(图 2-25)

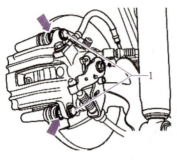 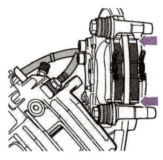

图 2-24 拆装后制动摩擦片（一）　　图 2-25 拆装后制动摩擦片（二）

2 安装后轮制动片

维修图解

安装后轮制动片步骤如下（图 2-26）。

（1）顺时针沿箭头方向旋转调整和拆卸工具 3272 的滚花轮并拧入活塞。

1）若活塞移动困难，用开口扳手钳住平台，图 2-26 中虚线箭头所示，旋转拧入活塞。

2）不能用活塞调整工具将活塞推回，否则制动钳自动调整功能将被破坏。

（2）将制动摩擦片和制动摩擦片定位弹簧（箭头位置）插入制动钳。

（3）撕下外侧制动摩擦片背面保护膜。

（4）用新的自锁螺栓固定好制动钳。

（5）调整手制动，安装车轮。

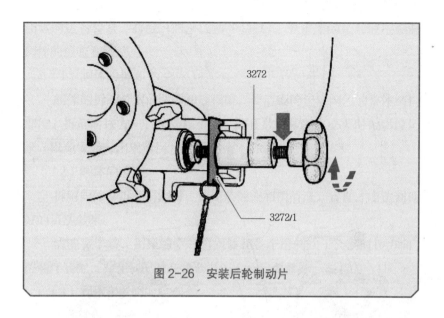

图 2-26 安装后轮制动片

七、更换后轮轴承

1 拆卸后轮轴承

（1）压出防尘盖：轻轻敲打鼓盖拔出器 VW 637/2 的卡爪，将防尘盖从其固定位置松开。（图 2-27 和图 2-28）

（2）旋出螺栓，应用扳手固定住导向销。

（3）拆下制动钳壳体并用金属线将其固定在车身上，以免其重力压迫或损坏制动软管。拆下制动盘。

（4）拉出车轮轴承/轮毂：旋出 12 角自锁螺母，用拉力器拉出车轮轴承。（图 2-29）

（5）从轮毂轴上拉下轴承内圈。（图 2-30）

图 2-27 拆卸（盘式）后轮轴承（一）

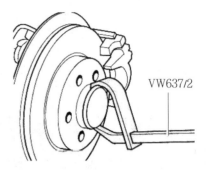

图 2-28 拆卸（盘式）后轮轴承（二）

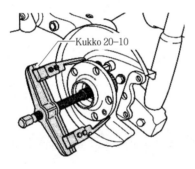

图 2-29 拆卸（盘式）后轮轴承（三）

图 2-30 拆卸（盘式）后轮轴承（四）

2 安装后轮轴承

（1）尽可能将车轮轴承/轮毂装到轮毂轴上。

（2）装好专用工具3420，将车轮轴承/轮毂压到止点位置，然后拆下专用工具。

（3）使用新12角自锁螺母，将螺母拧到止位，将力矩拧到175N·m。

（4）压入防尘盖。

（5）进一步的安装工作与拆卸顺序相反。

八、更换转向拉杆球头

1 拆卸转向拉杆球头

拆卸转向拉杆球头最恰当合适的方式就是使用专用工具辅助拆卸,实践证明,专用工具比使用锤子敲击拉杆球头更便捷,且更安全。

维修图解

最常见的转向拉杆球头拆卸程序如下。

(1)拆卸车轮。

(2)标记内转向横拉杆上的螺纹,以便重新定位调整螺母。

(3)拆卸转向横拉杆球头螺母并用专用工具从转向节上断开转向横拉杆球头。(图2-31)

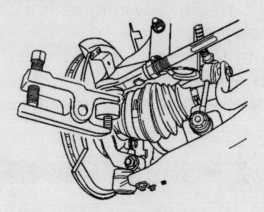

图2-31 使用专用工具拆卸转向拉杆球头

(4)松开转向横拉杆球头调整螺母,通过转动从内转向横拉杆上拆下转向横拉杆球头。

2 安装转向拉杆球头

(1)对准内转向横拉杆上的标记,将调整螺母重新定位。(图2-32)

(2)通过转动将转向横拉杆球头安装到内转向横拉杆上。

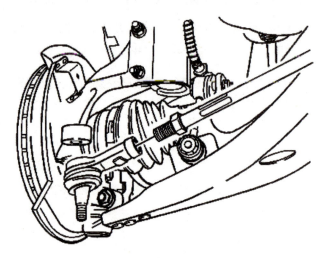

图2-32 球头对准内转向横拉杆进行安装

(3)安装调节螺母。

紧固:紧固外调节螺母至62N·m。

(4)安装新的转向横拉杆球头螺母。

紧固:紧固转向横拉杆球头螺母至30N·m再加120°。

九、更换转向机护套

1 拆卸程序

(1)拆下转向传动机构外转向横拉杆。

（2）拆下转向传动机构内转向横拉杆螺母1。（图2-33）
（3）拆下转向机外护套卡箍2。（图2-33）
（4）松开转向机内护套卡箍1。（图2-34）

图2-33 拆下螺母和卡箍

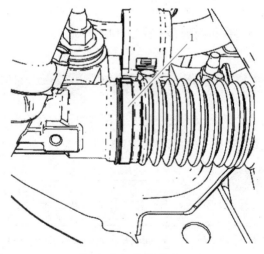

图2-34 拆卸护套

维修图解

拆下转向机护套1后,检查转向传动机构内转向横拉杆是否有明显的腐蚀或污染。如果无明显状况,则继续修理。如果有明显的腐蚀或污染,则更换内转向横拉杆。(图2-35)

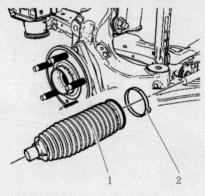

图 2-35　拆卸转向机护套和卡箍

(5)拆下转向机内护套卡箍2。(图2-35)

2 安装程序

(1)将一个新的卡箍松松地安装在转向机护套的内侧。
(2)将维修组件内的润滑脂涂到标识位置。

维修提示

注意:转向机护套必须就位于转向机相应的凹槽内。

(3)将转向机护套穿过转向传动机构内转向横拉杆安装在转向机上。

(4）使用专用钳子压接转向机内护套卡箍。
(5）安装转向机外护套卡箍。
(6）安装转向传动机构内转向横拉杆螺母。
(7）安装转向传动机构外转向横拉杆。

十、拆装转向拉杆

(1）将转向横拉杆接头从齿条接头拆下，将接头螺塞从转向器壳体上拆下，然后将自锁螺母从齿轮轴端拆下。

维修图解

拆下防尘罩箍带和转向横拉杆卡子A和B，将防尘罩从转向器接头处拉下。（图2-36）

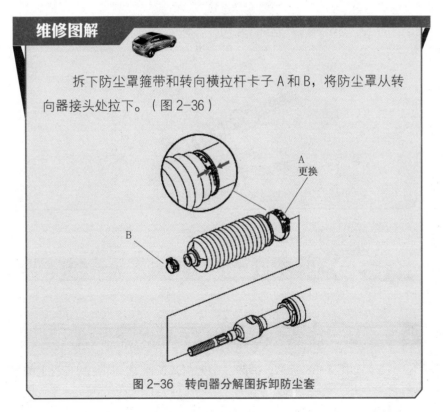

图2-36 转向器分解图拆卸防尘套

（2）用圆形卡夹和木块固定转向器壳体，不要将转向器壳体的油缸部分夹在台钳中。

维修图解

拆卸转向拉杆，用扳手固定转向齿条 B 的平面部分 A，并用另一个扳手拧卜齿条的两个接头 C，小心不要让扳手损坏齿条表面。拆下锁止垫圈 D 和橡胶挡块 E。（图 2-37）

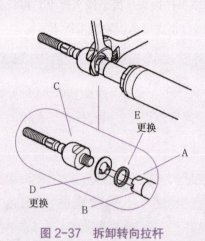

图 2-37　拆卸转向拉杆

十一、拆装前减振器

1 拆卸前减振器

（1）如图 2-38 所示，拆卸 3 个把前减振器总成固定到车身上的螺母。

（2）拆下前减振器及弹簧总成。

（3）如图2-39所示，拆下把前横向稳定杆连接杆固定到前减振器总成上的螺母并取下前横向稳定杆连接杆。

（4）如图2-40所示，标记和注明前减振器上部安装支座和前减振器弹簧安装支座排水孔的相对位置。

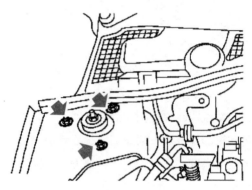

图2-38　拆卸前减振器（一）

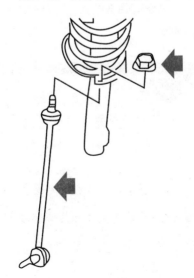

图2-39　拆卸前减振器（二）

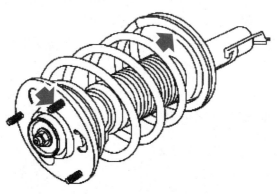

图 2-40 拆卸前减振器（三）

（5）用内六角扳手卡住前减振器柱顶部并拆下柱顶部螺母并废弃。

（6）拆下前减振器回弹垫圈和前减振器上安装支座总成。

（7）从前减振器柱上拆下前减振器螺旋弹簧。

（8）拆下前减振器压缩行程缓冲块垫圈、前减振器压缩行程缓冲块和前减振器防尘罩。

（9）释放前减振器螺旋弹簧的弹力，从弹簧压缩器上松开卡脚并取下前减振器螺旋弹簧。

维修图解

如图 2-41 所示，把弹簧压缩器（专用工具 T32016 和 T32017）固定到前减振器弹簧上，保证弹簧压缩器 T32016 的卡脚准确定位。

注意：确保弹簧压缩器卡脚保护套的状态完好并安装正确。如果卡脚保护套损坏就不能使用此弹簧压缩器，应更换卡脚保护套。

压缩前减振器螺旋弹簧。

警告：要当心压缩状态下的弹簧，突然或意外地松开可能会导致对人身的伤害。

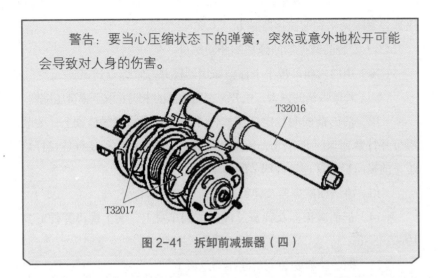

图 2-41 拆卸前减振器（四）

2 安装前减振器

（1）检查前减振器柱、弹簧上下隔振垫和前减振器的轴承有无裂痕和损坏。

（2）检查前减振器防尘罩和前减振器压缩行程缓冲块有无老化或损坏的痕迹。

（3）清洁前减振器柱和前减振器压缩行程缓冲块垫圈。

（4）安装前减振器压缩行程缓冲块、前减振器压缩行程缓冲块垫圈和前减振器柱防尘罩到前减振器总成上。

（5）确保前减振器压缩行程缓冲块和前减振器压缩行程缓冲块垫圈正确定位在前减振器柱防尘罩上。

（6）安装前减振器螺旋弹簧到前减振器柱上。

（7）定位弹簧压缩器到前减振器上，使用工具 T32016 和 T32017 压缩弹簧。

（8）确保正确的安装相对位置，安装前减振器上安装支座和前减振器弹簧隔振垫到前减振器轴上。

（9）安装前减振器回弹垫圈和新螺母。

（10）用内六角形扳手卡住前减振器柱并拧紧螺母到30N·m。

（11）释放弹簧的弹力，松开弹簧压缩器的卡脚并取下弹簧压缩器。

（12）清洁前横向稳定杆连接杆并安装到前减振器总成上，安装螺母并拧紧到50～65N·m，使用开口扳手卡住前横向稳定杆连接杆以防止前横向稳定杆连接杆球节的转动。

（13）清洁前减振器及弹簧总成和车身的结合处。

（14）把前减振器及弹簧总成定位到车身上，装上螺母并拧紧到19～25N·m。

（15）把前轮毂安装到前减振器总成上。

（16）取下前下摆臂外球节保护器并检查球节护套有无损坏。

（17）清洁外球节和前轮毂的接合处。

（18）连接前下摆臂外球节到前轮毂上，安装螺栓和螺母并拧紧到40～50N·m。

（19）确保下摆臂外球节完全安装到前轮毂上，螺栓也装进了前下摆臂外球节的凹槽中。

（20）清洁前横向稳定杆连接杆的连接处，并固定到前横向稳定杆上，拧紧螺母到60～70N·m。用一开口扳手卡住前横向稳定杆连接杆，以防止前横向稳定杆连接杆球节转动。

（21）确保前横向稳定杆连接杆正确地连接到前横向稳定杆上。

（22）把前减振器总成安装到前轮毂上，装上螺栓并拧紧螺母到90～110N·m。

（23）清洁转向横拉杆球节和护套。

（24）把转向横拉杆球节装到转向臂上，安装并拧紧锁止螺母到28～32N·m。

（25）安装前制动软管和前轮 ABS 传感器线束到前减振器柱支架上。

（26）针对右边：固定前制动衬块磨损传感器线束到前减振器柱支架上。

（27）装上车轮，进行必要的检查，确保安装到位，路试车辆。

十二、拆装皮带轮

1 拆装动力转向泵皮带轮

 维修图解

拆卸动力转向泵皮带轮的步骤如下（图 2-42）。

图 2-42 拆卸动力转向泵皮带轮

（1）把扳手装到皮带张紧器的六角上，顺时针充分转动以松开动力转向泵驱动皮带上的张紧度。

（2）为了把张紧器保持在这一位置，用一个直径不超过3mm的销子，穿过六角的中心固定在张紧器的背板上，然后取下动力转向泵驱动皮带。

安装动力转向泵皮带轮的步骤如下。

（1）确保动力转向泵驱动皮带的皮带是干净的，而且没有损坏。

（2）装上动力转向泵驱动皮带，确保皮带正确的定位在皮带轮的槽中。

（3）把扳手装到皮带张紧器的六角上，顺时针转动扳手，取下保持张紧器的销子，使张紧器皮带轮压在动力转向泵驱动皮带上。

2 拆卸和安装自动张紧器（发电机/转向动力泵皮带自动张紧轮）

维修图解

拆卸和安装自动张紧器的步骤如下（图2-43）。

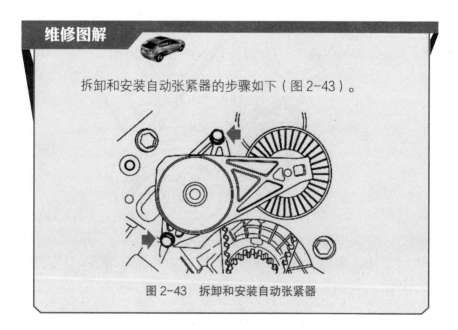

图2-43 拆卸和安装自动张紧器

(1)拆下辅助传动带(发电机/转向动力泵皮带自动张紧轮)。
(2)拆下辅助传动带自动张紧轮总成。
(3)安装传动带自动张紧轮总成,拧紧螺栓到25N·m。
(4)装上辅助传动带。

十三、更换发电机

发电机在发动机上的布局见图2-44。

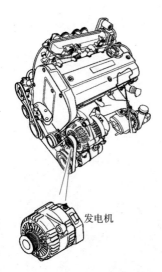

图2-44 发电机在发动机上的布局

1 拆卸发电机

(1)拆下发动机总成盖,断开蓄电池的接地端。
(2)拆下辅助传动皮带。

2 安装发电机

（1）定位发电机，装上螺栓，把 M8 螺栓拧紧到 25N·m，把 M10 螺栓拧紧到 45N·m。

（2）连接发电机连接器。

（3）把发动机线束固定到发电机上，装上螺母并拧紧至 10N·m。

（4）装上发动机总成盖。

（5）装上辅助传动皮带。

（6）连上蓄电池的接地端。

维修图解

（1）松开接线端盖，拆下把发动机线束固定到发电机上的螺母，松开拉索并放到旁边（图 2-45）。

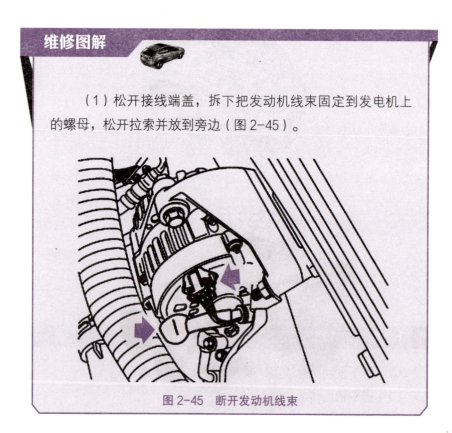

图 2-45　断开发动机线束

(2)断开发电机连接器的连接。

(3)拆卸并取下2个固定发电机的螺栓(图2-46),取出发电机。

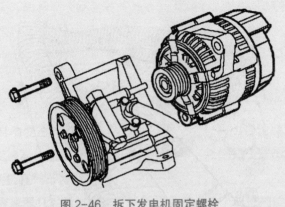

图2-46 拆下发电机固定螺栓

十四、更换启动机

1 拆卸启动机

维修图解

(1)断开蓄电池的接地端,见图2-47。

(2)从启动机电磁线圈上断开Lucar的连接,见图2-47中的箭头1。

(3)拧下螺母并从启动机电磁线圈上断开蓄电池导线的

连接,见图2-47中的箭头2。

(4)拧下2个固定启动电机的螺栓并拆下启动电机,见图2-47中的箭头3。

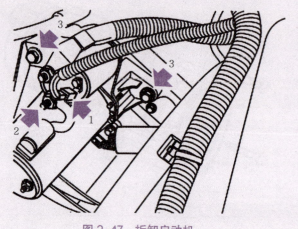

图2-47 拆卸启动机

2 安装启动机

(1)清洁启动电机和变速器的结合面,清洁销子和销孔。

(2)装上启动电机,装上并拧紧螺栓至45N·m。

(3)把蓄电池线束固定到启动电机电磁线圈上,并拧紧螺母至10N·m。

(4)把Lucar连接到电磁线圈上。

(5)连上蓄电池的接地端。

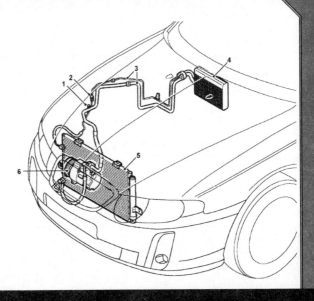

《第三章》
系统的入门维修

CHAPTER 3

第一节 总成件和零部件的更换

一、拆卸机油泵

拆卸机油泵的步骤见表3-1。

表 3-1 拆卸机油泵（本田某车型）

操作项目	步骤	维修图解	
拆卸机油泵	第一步	转动曲轴皮带轮，使其上止点(TDC)标记A与指针B对准	
	第二步	拆下油底壳；若要固定后部平衡轴，将长的销冲头A插入平衡轴支架上的保养孔并穿过后部平衡轴	
	第三步	逆时针转动曲轴以压缩机油泵链条自动张紧器	
	第四步	对准锁A上的孔和机油泵链条自动张紧器B，然后将直径3.0mm的销C插入孔中，顺时针转动曲轴以固定销	

续表

操作项目	步骤	维修图解
拆卸机油泵	第五步	松开机油泵链轮安装螺栓A 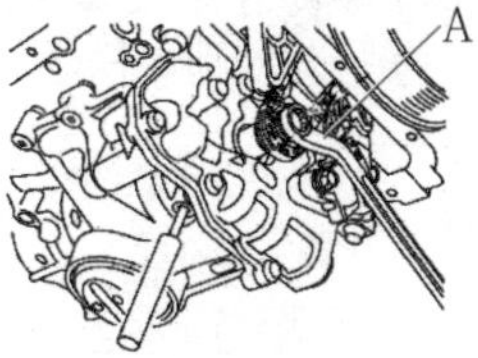
	第六步	拆下机油泵链轮A和机油泵B,然后拆下机油泵链条自动张紧器C 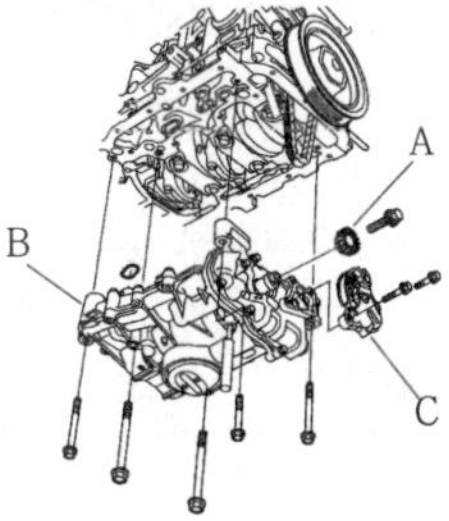

二、更换喷油器

更换喷油器的步骤见表3-2。

表3-2 更换喷油器

项目	拆卸步骤	安装步骤	维修图解
喷油器	① 释放燃油系统压力	① 用发动机油润滑新喷油器O形密封圈,将新O形密封圈安装到喷油器上	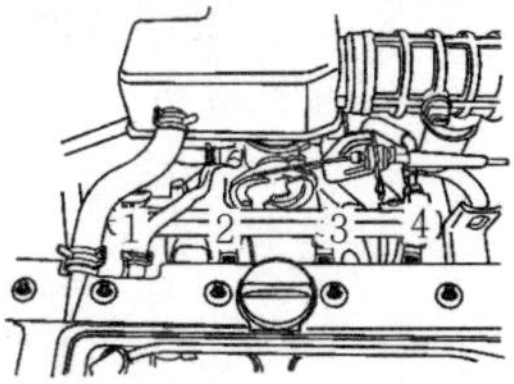 ① 图中、1、2、3、4为喷油器安装位置,拆装喷油器前,要清洁干净
	② 断开蓄电池负极电缆	② 将喷油器装入燃油分配管座,使喷油器端子朝外	

续表

项目	拆卸步骤	安装步骤	维修图解
喷油器	③ 断开进气温度(IAT)传感器连接器	③ 将喷油器固定卡夹安装到喷油器和燃油分配管凸缘上	②维修燃油系统部件，尤其是喷油器电气连接器、喷油器喷嘴和喷油器O形密封圈时，应倍加小心；将燃油分配管的进、出口塞住，以防污染 ③ 安装时必须用发动机油润滑新喷油器O形密封圈 ④ 紧固燃油分配管固定螺栓必须按规定力矩紧固，不易力矩过大，一般轿车紧固至25N·m即可
	④ 从气门室盖上断开通气软管	④ 确保卡夹与喷油器线束连接器平行	
	⑤ 从气门室盖上断开曲轴箱强制通风(PCV)软管	⑤ 将燃油分配管总成装入汽缸盖	
	⑥ 从节气门体和托架上断开节气门拉线	⑥ 安装燃油分配管固定螺栓	
	⑦ 拆卸燃油压力调节器	⑦ 将进油管连接至燃油分配管	
	⑧ 从燃油分配管上断开回油管	⑧ 将回油管连接至燃油分配管	
	⑨ 从燃油分配管上断开进油管	⑨ 安装燃油压力调节器	
	⑩ 拆卸燃油分配管固定螺栓	⑩ 连接喷油器油道盖和连接器，必要时转动每个喷油器	
	⑪ 连同喷油器油道盖和喷油器一起拆卸燃油分配管	⑪ 将曲轴箱强制通风软管连接到气门室盖上	
	⑫ 断开喷油器油道盖连接器	⑫ 将通气软管连接到气门室盖上	
	⑬ 拆卸喷油器固定卡夹	⑬ 连接进气温度传感器连接器	
	⑭ 朝外向下拉喷油器，以将其拆卸	⑭ 连接蓄电池负极电缆	
	⑮ 报废喷油器O形密封圈	⑮ 执行燃油分配管和喷油器的泄漏检查	

三、更换节温器

更换节温器的操作步骤见表3-3。

表3-3 更换节温器

项目	图示	操作事项
节温器的拆装和安装	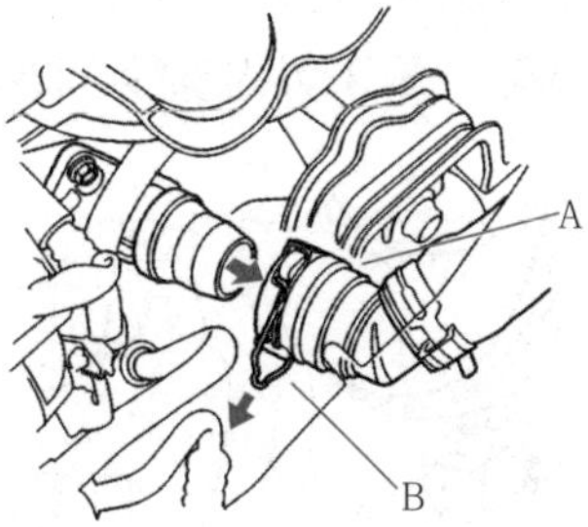 	① 排空发动机冷却液 ② 清除快速连接器A、节温器盖及连接软管上的污垢 ③ 用手将锁止器B拉出，拧松快速连接器并将其从节温器上拆下 注意：不要使用任何工具撬动快速连接器以避免其损坏
	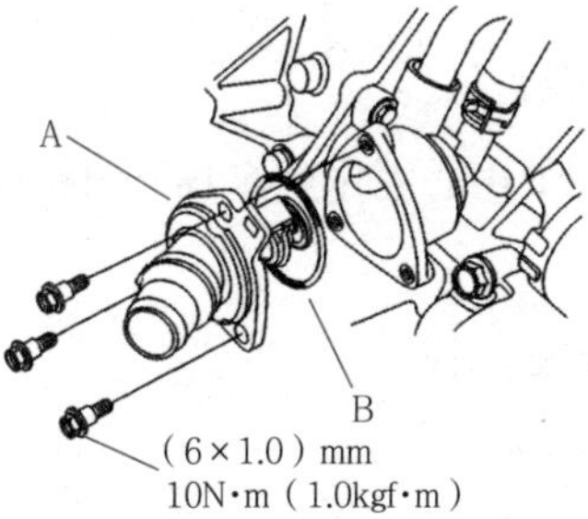 (6×1.0) mm 10N·m (1.0kgf·m)	④ 拆下节温器盖，并拿下节温器A ⑤ 清洁节温器座及节温器盖 ⑥ 将新的节温器及O形圈B按照相反步骤装回 注意：更换节温器时一定要更换新的O形圈

四、更换转向机

1 拆卸转向机

（1）在举升台上的举升汽车。

（2）松开动力转向机输入轴防尘罩，图3-1中1。

（3）从转向管柱夹紧螺栓上拧下螺母，图3-1中2。

（4）从夹紧螺栓上拆下夹箍，取下紧固螺栓，图3-1中3。

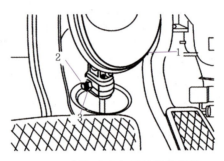

图3-1 拆卸方向机管柱连接螺栓

（5）从动力转向机输入轴上松开转向管柱。

（6）拆下前轮。

（7）拆下转向横拉杆球节。

（8）拆下2个把前副车架中心固定到车身上的螺栓和安全垫圈并废弃。

（9）取下2个前副车架支撑杆。

（10）放低前副车架的后面。

（11）放置好容器以收集溢出的油液。

（12）拆下把动力转向机回油管固定到前副车架上的2个螺栓。

（13）拆下动力转向机供油管的连接并废弃密封垫圈。

维修图解

(1)用千斤顶支撑起前副车架的后部,图3-2中箭头1。

(2)拆下2个把前副车架支撑杆固定到车身上的螺栓并废弃,图3-2中箭头2。

(3)拆下2个把前副车架后部和前副车架支撑杆固定到车身上的螺栓并废弃,图3-2中箭头1。

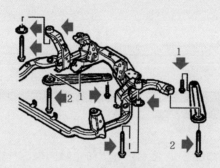

图3-2 拆卸零部件

维修图解

(1)拆下动力转向机回油管的连接并废弃O形圈,图3-3中箭头1。

(2)拆下4个把动力转向机总成固定到前副车架总成上的螺栓。

(3)从驾驶员侧取下动力转向机总成。

(4)拆下动力转向机输入轴的密封圈,图3-3中箭头2。

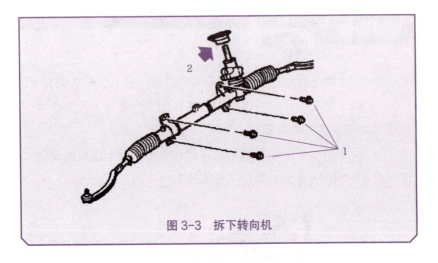

图 3-3 拆下转向机

维修图解

注意,如图 3-4 所示,标记每个转向横拉杆上锁紧螺母的位置以便安装时使用。

从动力转向机上拆下转向横拉杆和锁止螺母。

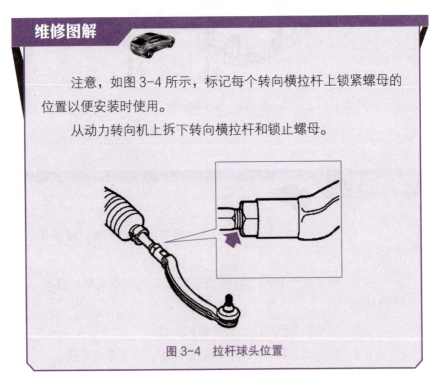

图 3-4 拉杆球头位置

2 安装转向机

（1）按照拆卸时记录的螺纹的标记，使动力转向机对中并把每个锁止螺母固定到转向横拉杆上。

（2）把转向横拉杆拧到转向机的锁止螺母上，使转向横拉杆球节向上。

（3）安装动力转向机输入轴密封圈，使转向机输入轴密封圈的凹槽位于齿轮上的标记处。

（4）装上动力转向机总成并固定到前副车架总成上，注意不要弄掉转向机输入轴的密封圈，装上2个下螺栓并拧紧到 $40\sim50\mathrm{N\cdot m}$。

（5）再装上另2个上螺栓并拧紧到 $40\sim50\mathrm{N\cdot m}$。

（6）清洁转向管路、管接头和结合处。

（7）给动力转向机进油管装上新的O形圈，装上动力转向机进油管并拧紧到 $18\sim22\mathrm{N\cdot m}$。

（8）装上把动力转向机回油管固定到前副车架上的2个螺栓并拧紧到 $19\sim25\mathrm{N\cdot m}$。

（9）装上新的密封垫圈，固定动力转向机回油管并拧紧对接螺栓到 $18\sim22\mathrm{N\cdot m}$。

（10）举升前副车架总成，装上固定前副车架的安全垫圈和新的自锁螺栓并拧紧到 $110\sim120\mathrm{N\cdot m}$。

（11）装上把前副车架支撑杆固定到车身上的自锁螺栓并分别拧紧到 $19\sim25\mathrm{N\cdot m}$ 和 $110\sim120\mathrm{N\cdot m}$。

（12）把转向横拉杆连接到转向臂上并拧紧螺母到 $28\sim32\mathrm{N\cdot m}$。

第二节 发动机拆解

一、从车辆上拆下发动机

拆卸汽缸体是个比较复杂的作业工程，涉及很多附属零部件被拆卸。首先要拆卸相关油液管路、电器连接件、机械连接件等；然后把发动机与变速器分离，分离后进行车下拆解发动机。

汽缸体拆卸时一些重要的操作事项如下。

（1）排空冷却系统。

（2）断开蓄电池的接地端。

（3）给燃油系统泄压。

（4）拆下把膨胀箱固定到发动机舱右辅助隔板的螺栓，从安装件上拿开膨胀箱。

（5）松开夹子并从散热器上断开顶部软管的连接，从散热器的保持支架上松开软管。

（6）拆下把顶部软管保持支架固定到散热器上的螺栓并拿开支架。

（7）从主线束连接器上断开变速器线束的连接。

（8）放松夹子并从燃油导轨上断开软管的连接。

（9）放松夹子并从冷却液导轨上断开软管的连接。

（10）放松夹子并从膨胀箱软管上断开加热器软管。

（11）拆卸启动机。

（12）拆卸影响发动机整体卸出的周围附件，如有的车辆的发电机或者皮带等会影响拆卸作业。

维修图解

（1）如图3-5所示，拧下螺母并从启动机电机上断开蓄电池导线的连接。

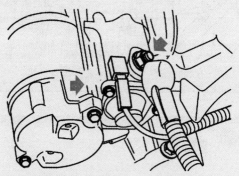

图3-5 断开蓄电池的接地端

（2）从启动机电机上断开Lucar接头。

（3）拆下固定发动机接地导线的启动机电机螺栓并把导线移到旁边。

维修图解

如图3-6所示，如果保险丝盒在发动机罩下，拆下螺栓并从发动机罩下面的保险丝盒上断开蓄电池导线的连接，从发动机罩下保险丝盒上断开连接器的连接。

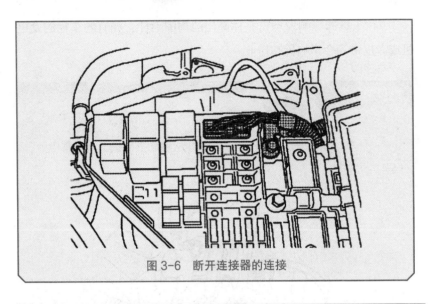

图 3-6 断开连接器的连接

维修图解

如图 3-7 所示，拆卸皮带张紧器，提起辅助驱动皮带张紧器，从皮带轮上松开驱动皮带。

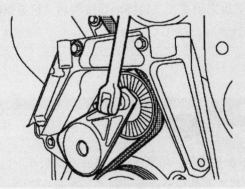

图 3-7 拆卸张紧轮

维修图解

如图3-8所示,拆卸3个把排气系统中后部总成法兰固定到排气歧管上的螺母,松开排气系统中后部总成,从前排气歧管上拿开并废弃掉法兰衬垫。

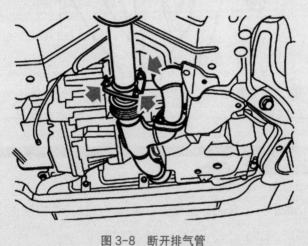

图3-8 断开排气管

(13)拆卸把发动机下后系杆固定到油底壳和副车架上的螺栓,拿开下后系杆。

(14)拆卸把换挡杆固定到变速器上换挡轴的螺母并从换挡轴上松开变速杆。

维修图解

如图3-9所示,拆下4个把左排气歧管固定到缸盖上的螺母,拿开排气歧管并废弃掉歧管衬垫。

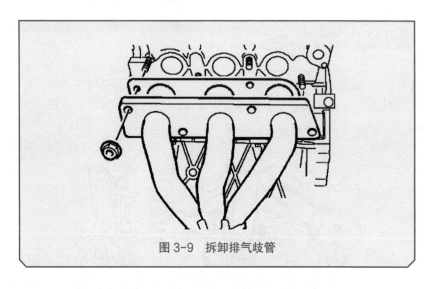

图 3-9 拆卸排气歧管

维修图解

如图 3-10 所示，松开固定换挡杆拉索至变速器支架的夹子，拿开拉索。

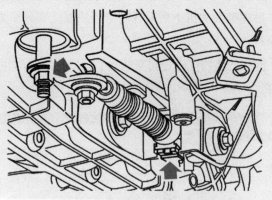

图 3-10 拆下自动变速器操纵拉索

拆卸固定换挡杆外拉索支撑支架到变速器上的螺栓,把拉索移到旁边。

(15)将转向拉杆从球头侧拆下。

维修图解

如图 3-11 所示,使用专用工具 T30001 从变速器上松开左内驱动轴接头。

图 3-11 拆卸驱动轴(半轴)

往外拉前毂并从变速器上拆下驱动轴和中间轴,把轴放平直了,以防止对变速器内的油封造成损害。

维修图解

如图3-12所示,使用举升机并把可调举升支架T10007连到发动机上。

用提升举升机提起发动机的重量,而不是把负荷转移到安装点上。

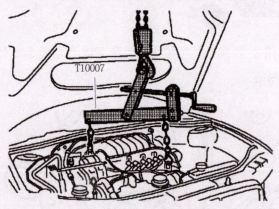

图3-12 吊住发动机

维修图解

拆卸完附件后,完成下列拆卸步骤,从车辆上移开发动机。

如图3-13所示,拆下把发动机右上系杆固定到发动机右系杆上的螺栓,松开把右上系杆固定到发动机右托架上的螺栓并把右上系杆朝上支好。

如图3-14所示,拆下固定发动机右托架的螺母和4个螺栓并拿开支架。

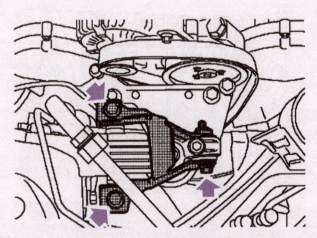

图 3-13 拆卸发动机支座(一)

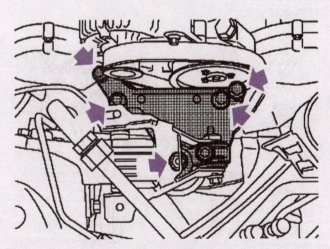

图 3-14 拆卸发动机支座(二)

如图 3-15 所示,拆下 4 个把发动机右支架固定到发动机前盘上的螺栓并拿开支架。拆下把变速器左液压安装支架固定到变速器左安装支架的贯穿螺栓。

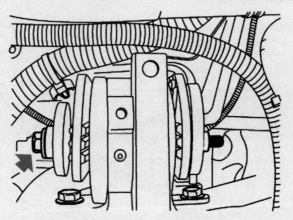

图 3-15　拆卸发动机支座（三）

如图 3-16 所示，拆下固定变速器左安装支架到变速器上的螺栓并拿开支架。

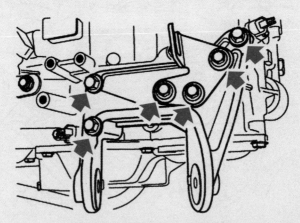

图 3-16　拆卸发动机/变速器支座

如图 3-17 所示，拆下固定变速器左液压安装支架到车身上的螺栓并拿开安装支架。

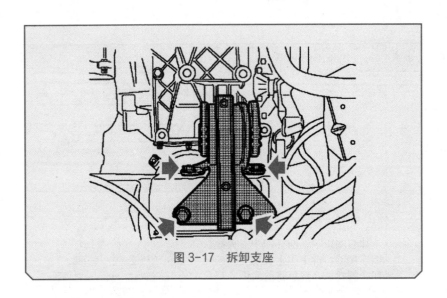

图 3-17 拆卸支座

二、拆卸汽缸盖

汽缸盖的拆卸步骤见表 3-4。

表 3-4 汽缸盖的拆卸（本田某车型发动机举例）

步骤	操作图解	图示
1	如右图所示，拆下线束罩	

续表

步骤	操作图解	图示
2	如右图所示，拆下喷油器盖	
3	如右图所示，断开四个点火线圈连接器；拆下固定线束支架的四个螺栓A，然后将前线束支架B从托架上拆下	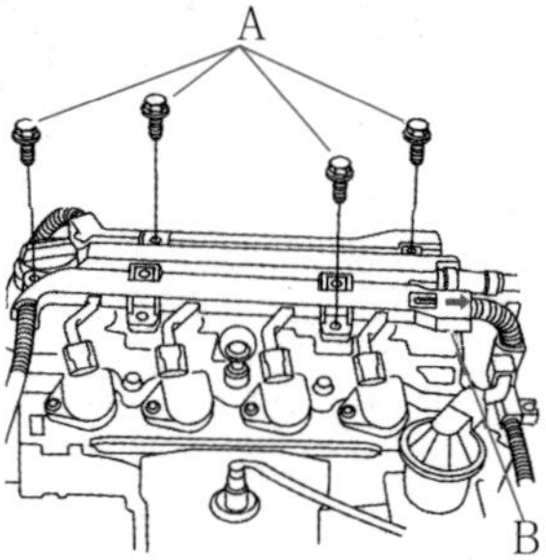
4	如右图所示，先将交流发电机连接器A和黑色线束B从交流发电机上断开；再断开空调压缩机离合器连接器C，并拆下线束夹D	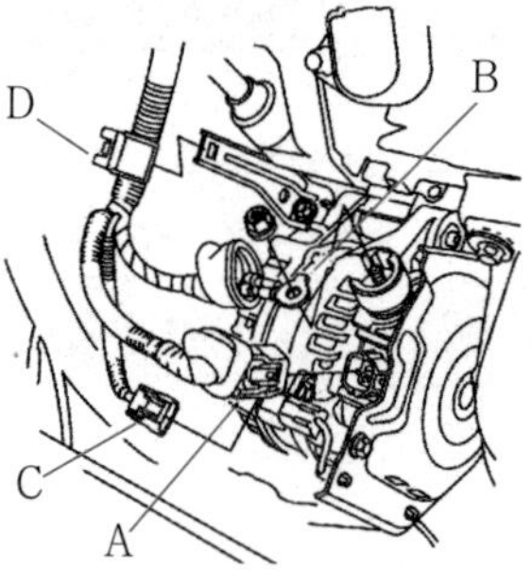
5	拆下油尺和通气软管	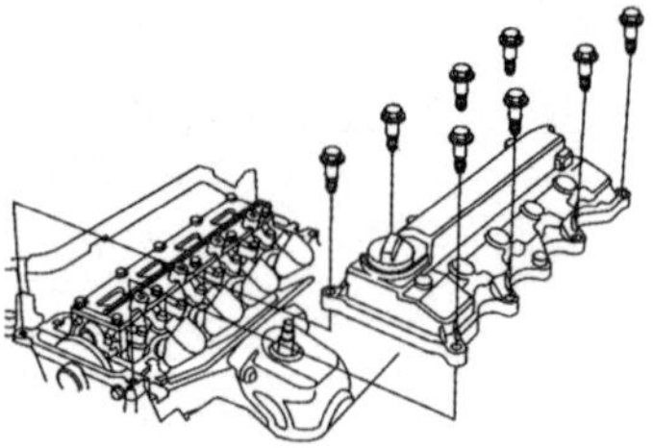
6	如右图所示，拆下气门室盖	

续表

步骤	操作图解	图示
7	排空发动机冷却液,拆下传动带,拆下进气歧管	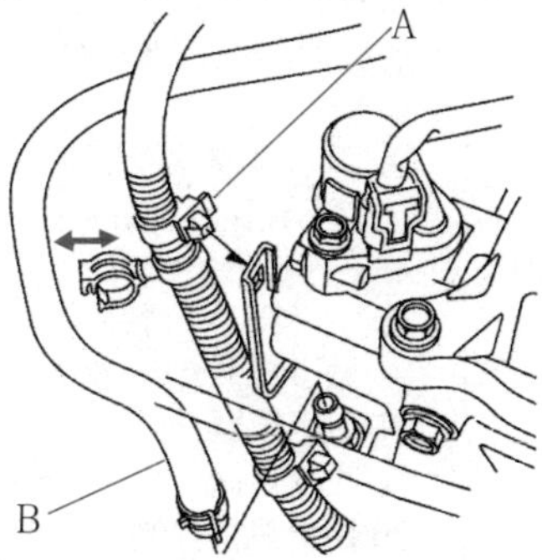
8	如右图所示,拆下线束夹 A 和曲轴箱强制通风(PCV)软管 B	
9	如右图所示,将线束托架 A 从汽缸盖上拆下	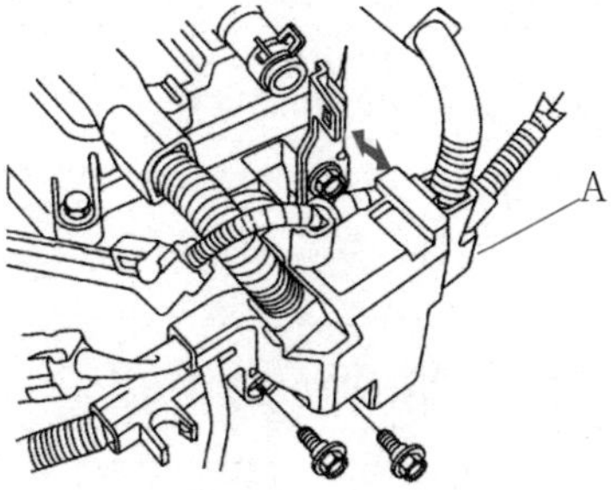
10	如右图所示,拆下散热器上软管 A、加热器软管 B 和发动机支座控制电磁阀 C	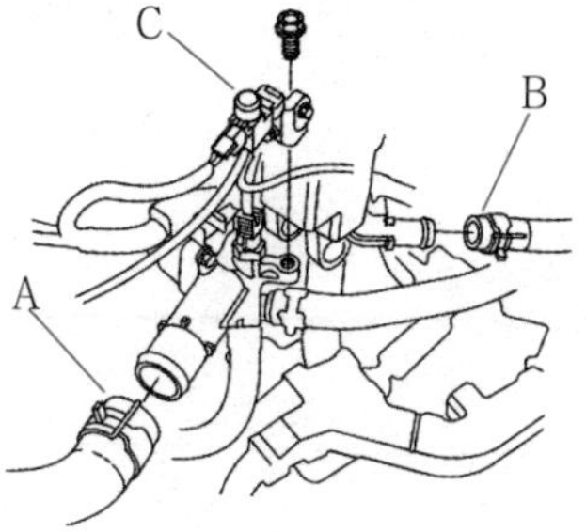

续表

步骤	操作图解	图示
11	如右图所示,将以下发动机线束连接器和线束夹从汽缸盖上拆下: ① 四个喷油器连接器 ② 发动机冷却液温度(ECT)传感器1连接器 ③ 空燃比(A/F)传感器连接器 ④ 辅助热氧传感器(辅助HO_2S)连接器 ⑤ 废气再循环(EGR)阀连接器 ⑥ 摇臂机油控制电磁阀连接器	
12	拆下点火线圈	
13	拆下三元催化转换器(TWC)	
14	拆下节温器壳体	
15	拆下凸轮轴链条	
16	拆下汽缸盖螺栓,为避免翘曲,按右图所示顺序每次松开螺栓1/3圈,重复这一过程直到所有螺栓松开	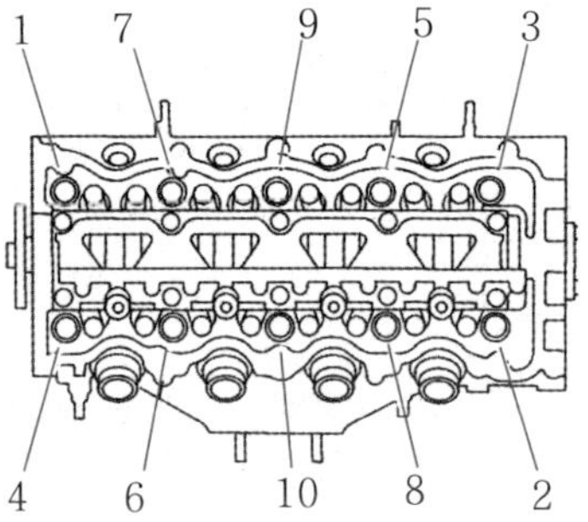
17	拆下汽缸盖	

第三节 离合器更换

一、拆卸离合器

手动变速的车辆可以通过操纵离合器踏板来接通和断开发动机的动力,具体作用如下。

(1)使发动机与变速器之间能逐渐接合,从而保证汽车平稳起步。

(2)暂时切断发动机与变速器之间的联系,以便于换挡和减少换挡时的冲击。

(3)当汽车紧急制动时能起分离作用,防止变速器等传动系统过载,从而起到一定的保护作用。

离合器组件见图3-18。

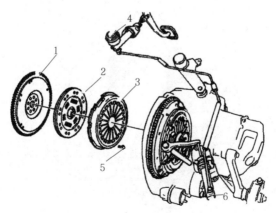

图3-18 离合器组件

1—飞轮;2—从动盘;3—压盘;4—主缸;5—螺栓;6—从动缸及分离机构

维修图解

（1）拆下变速器总成，如图3-19所示，用专用工具T10028限制住飞轮。

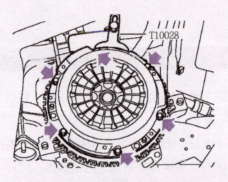

图3-19 拆卸离合器固定螺栓

（2）逐渐松开并拆下6个把离合器盖总成固定到飞轮上的螺栓，如图中箭头所示。

（3）拆下离合器壳总成并取出从动盘（图3-20）。

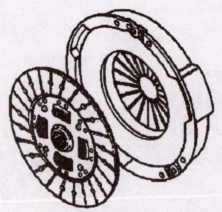

图3-20 取出从动盘

（4）检查离合器的从动盘有无磨损或机油污染的痕迹，如有必要，更换掉从动盘。

（5）拆下分离轴承，如图3-21所示。

（6）检查分离轴承有无磨损或损坏的痕迹，如有必要就更换掉。

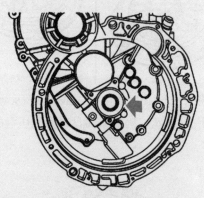

图3-21 拆下分离轴承

二、安装离合器

（1）清洁分离轴承的导向套。

（2）用二硫化钼脂（球轮润滑油）润滑分离轴承的导向套。

（3）装上分离轴承。

（4）清洁压盘和飞轮。

（5）检查飞轮有无划伤痕迹或其他损坏，如果磨损了或损坏了，就应更换掉。

（6）把二硫化钼脂涂到离合器从动盘的花键上。

（7）把从动盘固定到压盘上时，标记应对应于变速器侧。

（8）如图3-22所示，用专用工具T22001对准从动盘和压盘。

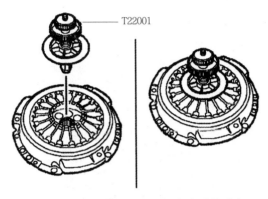

图3-22　使用专用工具定位离合器从动盘

（9）如图3-23所示，确保从动盘对准到压盘的中心，把离合器总成装到飞轮上。

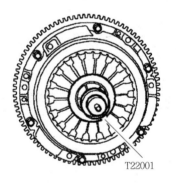

图3-23　安装离合器从动盘

（10）装上6个把压盘固定到飞轮上的螺栓，用手拧紧。

（11）用合适的工具把曲轴/飞轮限制住，按对角线的顺序，逐渐加力的把螺栓拧紧至25N·m。

（12）拆下从动盘对准工具T22001。

（13）装上变速器总成。

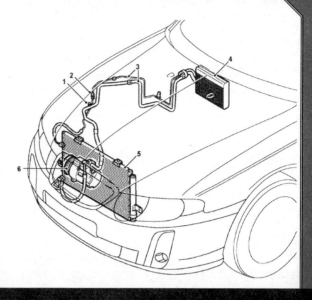

《第四章》
进阶的入门维修

CHAPTER 4

第一节 发动机大修和装配

一、缸盖组件重要装配操作

拆卸时区分好气门和气门弹簧,这样在重新安装时就能将它们安装在原来的位置。表 4-1 以本田某车型为例,练习汽缸盖装配中的重点作业。

表 4-1 发动机气门组件装配

项目	步骤	操作内容及方法	重要规范或图示
气门、弹簧和气门密封件(油封)拆卸	1	拆下汽缸盖	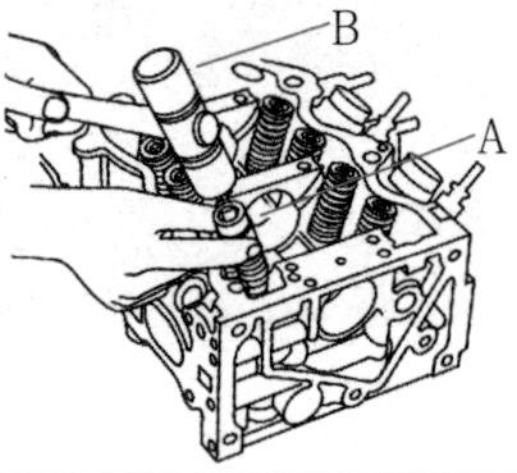
	2	如右图所示使用合适尺寸的套筒 A 和塑料棒 B,轻轻地敲击弹簧挡圈以松开气门锁片	
	3	如右图所示,安装气门弹簧压缩器,压缩弹簧,并拆下气门锁片	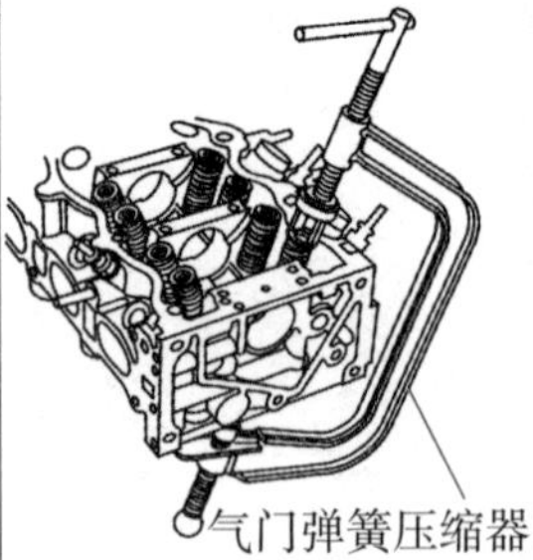

续表

项目		图解	
气门检查	1	拆下气门	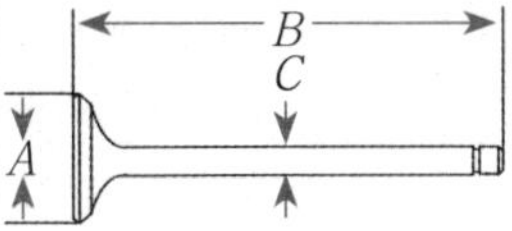
	2	如右图所示,测量气门的以下尺寸,其技术要求如下 进气门尺寸 A 标准(新):32.85 ~ 33.15mm B 标准(新):117.5 ~ 118.1mm C 标准(新):5.48 ~ 5.49mm C 使用极限:5.45mm 排气门尺寸 A 标准(新):25.85 ~ 26.15mm B 标准(新):115.65 ~ 116.25mm C 标准(新):5.45 ~ 5.46 mm C 使用极限:5.42mm	
气门杆与导管间隙检查	1	拆下气门	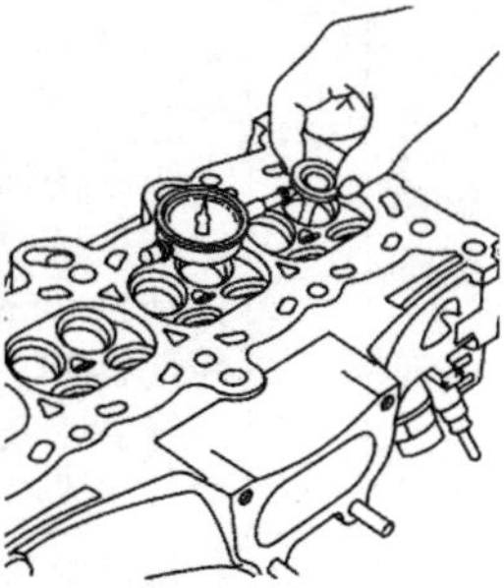
	2	① 如右图所示,将气门滑出导管约 10mm,然后在正常止推方向摇动气门杆(摇晃方法)时,用千分表测量导管至气门杆的间隙 ② 如果测量值超出使用极限,则用新的气门重新检查;如果现在的测量值在使用极限内,则重新装配一个新的气门;如果使用新的气门时测量值仍然超出使用极限,则转至步骤 3 进气门杆至导管的间隙 标准(新):0.04 ~ 0.10mm 使用极限:0.15mm 排气门杆至导管的间隙 标准(新):0.10 ~ 0.16mm 使用极限:0.22mm	

续表

项目		图解	
气门杆与导管间隙检查	3	用内径千分尺或球形量规测得的气门导管内径，减去用千分尺测得的气门杆外径；沿气门杆的三点和气门导管内的三点进行测量，导管最大测量值与气门杆最小测量值之间的差值不应超出使用极限	进气门杆与气门导管配合间隙的技术要求如下 标准（新）：0.02～0.05mm 使用极限：0.075mm 排气门杆至导管的间隙的技术要求如下 标准（新）：0.05～0.08mm 使用极限：0.11mm
气门导管更换	1	检查气门杆至导管的间隙	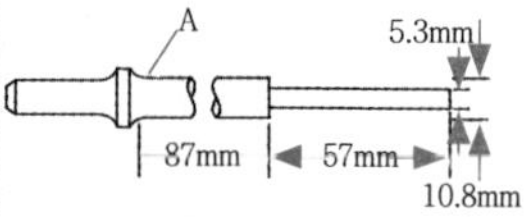
	2	如右图所示，对通用的空气冲击气门导管拆装器 A 改装以适应气门导管直径；在大多数情况下，使用气门导管拆装器和常规的锤子能够完成同样的程序	A 5.3mm 87mm 57mm 10.8mm
	3	选择相应规格的气门导管，并且在电冰箱的冷冻室将其冷冻约 1h	
	4	使用一个加热盘或烤箱，将汽缸盖均匀地加热到 150℃，用烹饪温度计监测温度；不要使汽缸盖的温度超过 150℃，过热可能会使气门座松动	
	5	如右图所示，从凸轮轴侧开始，使用拆装器和气锤使导管向燃烧室移动约 2mm，这将除去一些积炭，并使拆卸更容易；将气锤直接与气门导管对准以防损坏拆装器；戴上护目镜或面罩	
	6	将汽缸盖翻转，并将气门导管朝汽缸盖的凸轮轴侧敲下	
	7	如果气门导管仍然不移动，则用一个 8mm 的钻头将其钻出，然后再试一次，如右图所示 注意：仅在极端情况下才钻出导管，如果导管破裂可能损坏汽缸盖	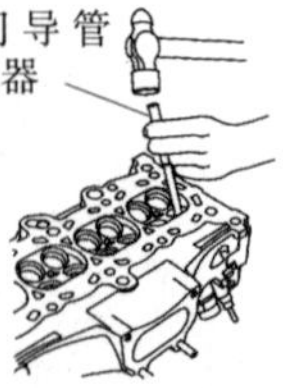 气门导管拆装器

续表

项目		图解	
气门导管更换	8	需要时,每次从冷冻室中取出一个新的导管	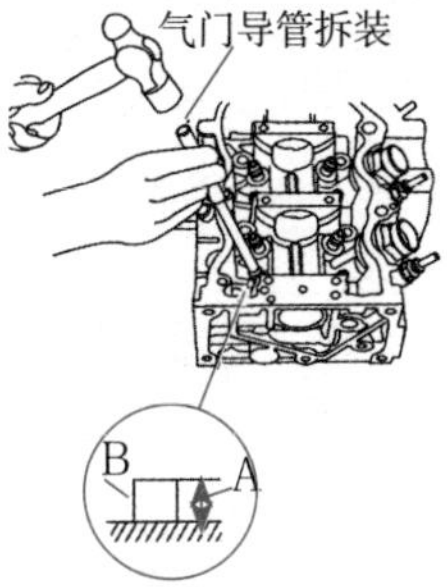
	9	在新气门导管的外侧,涂抹一薄层新的发动机机油,如右图所示,从汽缸盖的凸轮轴侧安装导管;使用5.5mm气门导管拆装器将导管压至导管B规定的安装高度A;如果要安装所有的16个导管,可能需要重新加热汽缸盖	气门导管拆装
		如果气门杆安装高度超出使用极限,则更换气门并重新检查;如果气门杆安装高度仍超出使用极限,则更换汽缸盖;气门座在汽缸盖内太深	
气门、弹簧和气门密封件(油封)安装	1	在气门杆上涂抹一层新的发动机机油,将气门安装到气门导管中	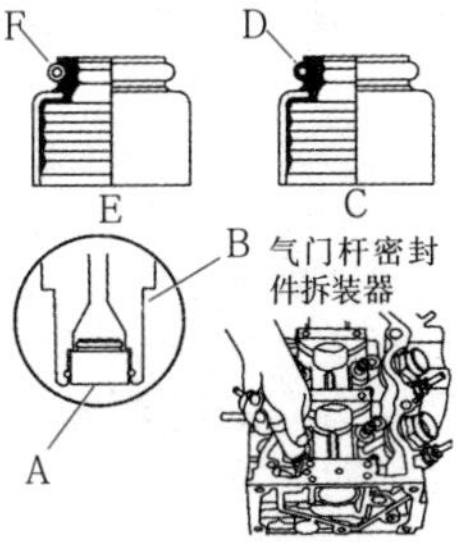 气门杆密封件拆装器
	2	检查并确认气门能平稳地上、下移动	
	3	将弹簧座安装在汽缸盖上	
	4	如右图所示,用气门杆密封件安装工具B安装新的气门密封件A 注意:排气门密封件C上有黑色弹簧D标记,而进气门油封E上有白色弹簧F标记,它们不可互换	
	5	安装气门弹簧和弹簧挡圈,将带有紧密缠绕弹簧圈的气门弹簧端部朝向汽缸盖放置	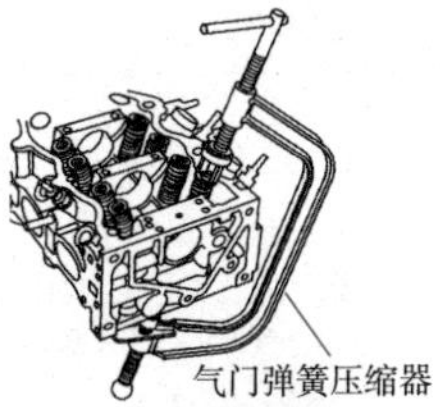 气门弹簧压缩器
	6	如右图所示,安装气门弹簧压缩器,压缩气门弹簧并安装气门锁片	
	7	拆下气门弹簧压缩器	
	8	如右图所示,用一个塑料锤A轻轻敲击每个气门杆端部两次或三次,以确保气门和气门锁片正确就位;仅允许沿着气门杆的轴线敲击气门杆,这样就不会弄弯气门杆	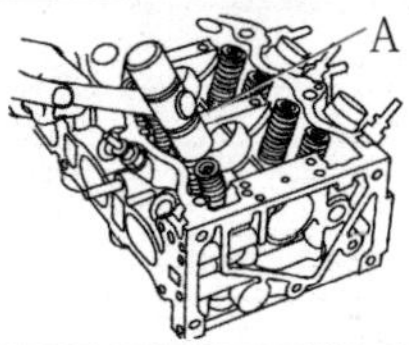

二、安装汽缸盖

汽缸盖的安装步骤见表 4-2。

表 4-2 汽缸盖的安装

步骤	操作图解	图示
1	清洁汽缸盖和汽缸体表面	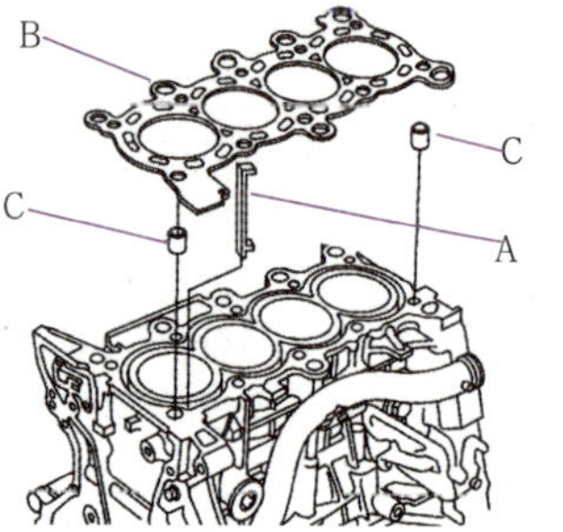
2	如右图所示,每次更换发动机汽缸体时,将新的冷却液分离器 A 安装在发动机汽缸体内	
3	将新的汽缸盖衬垫 B 和定位销 C 安装在发动机汽缸体上,务必使用新的汽缸盖衬垫	
4	如右图所示,将曲轴设置在上止点(TDC)位置,将曲轴链轮上的 TDC 标记 A 与发动机汽缸体上的指针 B 对准	
5	如右图所示,将凸轮轴设置到上止点位置;凸轮轴链轮上的"UP"标记 A 应在顶部,并且凸轮轴链轮上的 TDC 凹槽 B 应与汽缸盖的顶部边缘对准	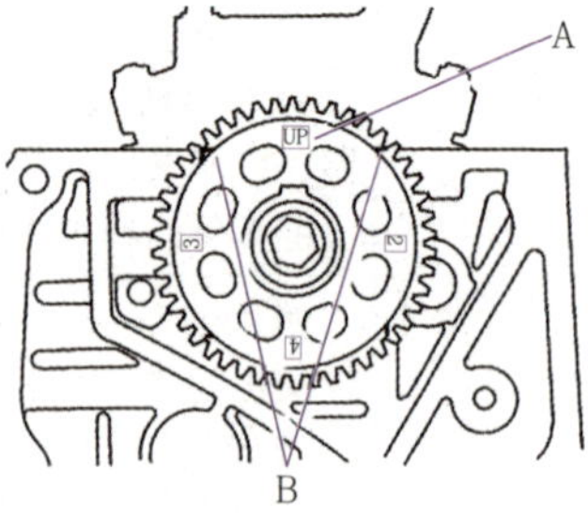
6	将汽缸盖安装到发动机汽缸体上	

续表

步骤	操作图解	图示
7	如右图所示,在点 A 和 B 处,测量每个汽缸盖螺栓的直径	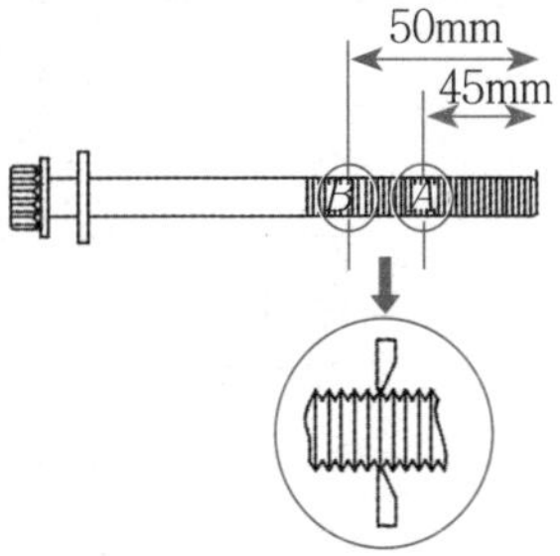
8	如果有一个直径小于 10.6mm,则更换汽缸盖螺栓	
9	将新的发动机机油涂抹到所有汽缸盖螺栓的螺纹上和螺栓头的下面	
10	按右图所示顺序紧固汽缸盖螺栓至 39N·m,使用柱形扭矩扳手;使用预置型扭矩扳手时,确保缓慢地紧固并且不要过度紧固;在紧固时,如果螺栓发出任何声音,则松开螺栓并从第一步重新紧固螺栓	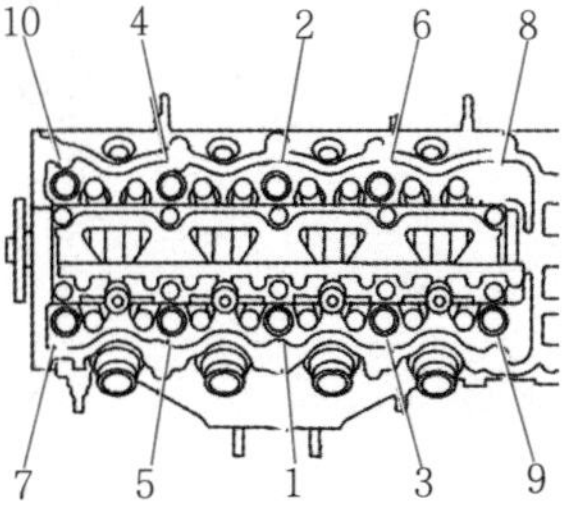
11	如右图所示,紧固后,分两步(每步 90°)紧固所有汽缸盖螺栓;如果使用一个新的汽缸盖螺栓,再紧固螺栓 60°	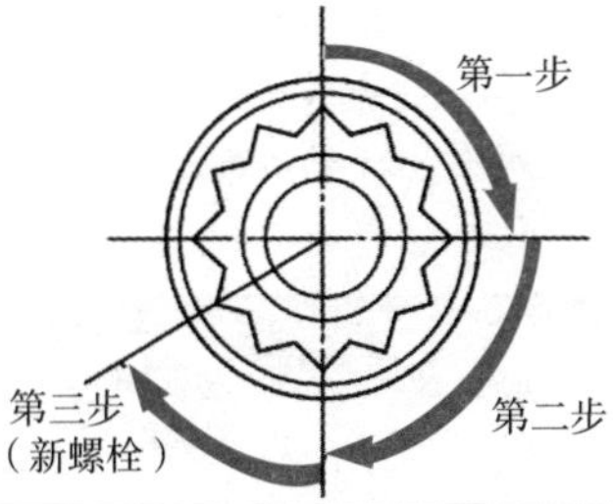

三、曲轴和轴瓦的安装

1 汽缸体及轴瓦标记

汽缸体和曲轴飞轮组部件见图 4-1。

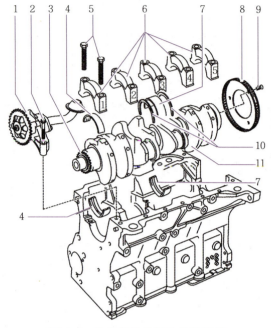

图 4-1 汽缸体和曲轴飞轮组部件

1—机油泵；2—机油泵固定螺栓；3—链轮（驱动机油泵）；4—瓦片；5，9—螺栓；6—轴承盖；7—轴瓦；8—脉冲信号盘；10—止推片；11—曲轴

维修图解

掌握轴瓦标记见图 4-2。

（1）出厂时轴瓦已按正确厚度装配到汽缸体。彩色点用于记录轴瓦厚度。

（2）R 表示红色，G 表示黄色，B 表示蓝色，W 表示白色。

（3）必须安装多厚的轴承，安装在什么位置，都用字母标记在汽缸体的下密封面上。

第四章 进阶的入门维修

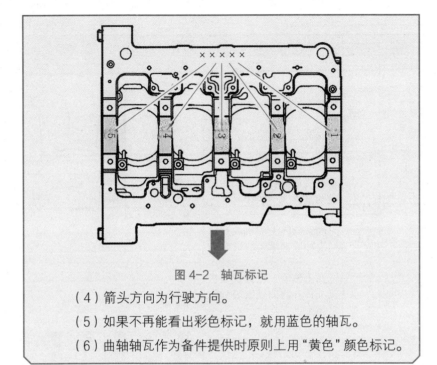

图 4-2 轴瓦标记

（4）箭头方向为行驶方向。

（5）如果不再能看出彩色标记，就用蓝色的轴瓦。

（6）曲轴轴瓦作为备件提供时原则上用"黄色"颜色标记。

2 曲轴瓦的安装（表 4-3）

表 4-3 曲轴瓦的安装

项目	步骤		图解
安装曲轴上止推垫圈	1	使机油槽向外，将 2 个止推垫圈安装到汽缸体的 3 号轴颈下方	
	2	在曲轴止推垫圈上涂抹发动机机油	

149

续表

项目	步骤	图解	
安装主轴承	1	将其中一个有机油孔的安装到缸体上，没有机油孔的安装至主轴承盖上	
	2	安装主轴承之前，请用新的发动机机油涂抹轴承表面（内侧）；请勿用发动机机油涂抹背面，而是要彻底清洗干净背面	主轴承 机油孔
	3	确认缸体上的机油孔已对准相应轴承上的机油孔	
安装曲轴并紧固力矩	1	在上轴承上涂抹发动机机油，并将曲轴安装到汽缸体上	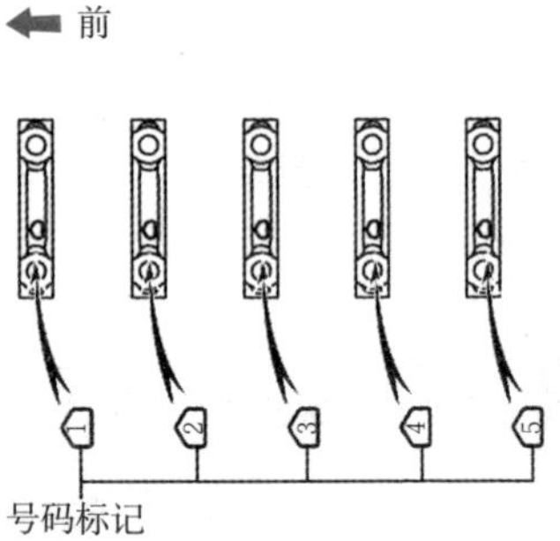 ← 前
	2	在下轴承上涂抹发动机机油	
	3	检查数字标记，并将轴承盖安装到汽缸体上	号码标记
	4	在轴承盖螺栓的螺纹上和轴承盖螺栓下涂抹一薄层发动机机油	
	5	暂时安装10个主轴承盖螺栓	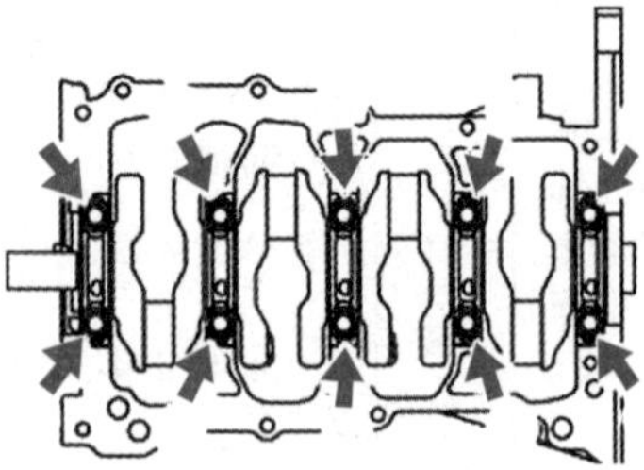

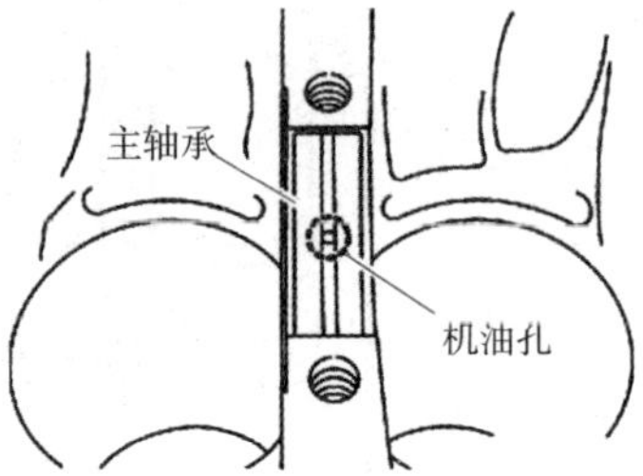

续表

项目	步骤	图解
安装曲轴并紧固力矩	6	标记2个内轴承盖螺栓并以此为导向，用手插入主轴承盖，直到主轴承盖和汽缸体间的间隙小于5mm 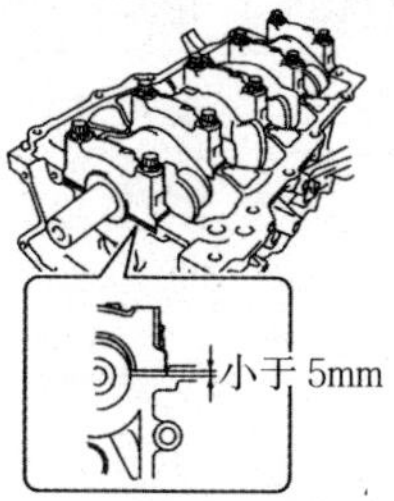
	7	用塑料锤轻轻敲击轴承盖以确保正确安装，安装曲轴轴承盖螺栓 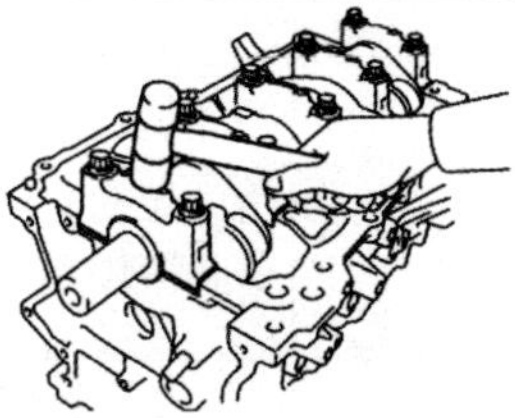
主轴承盖螺栓的紧固分两步完成	1	如图所示顺序，安装并均匀紧固10个主轴承盖螺栓，例如宝来，力矩为40N·m 注意：安装时，曲轴轴承盖螺栓的紧固力矩按本车型厂家维修手册参数执行 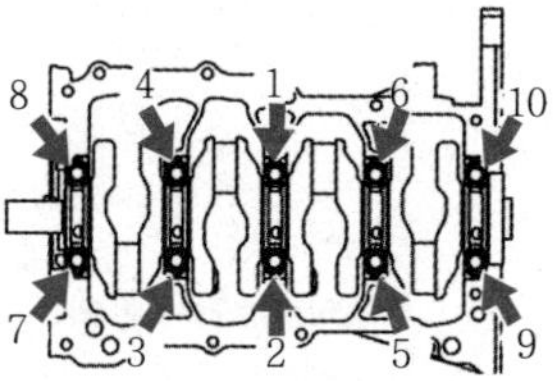
	2	如图所示数字顺序，将轴承盖螺栓再紧固90° 注意：更换螺栓，例如宝来，力矩为40N·m+90°（1/4圈）；检查并确认曲轴转动是否顺畅 曲轴轴承盖螺栓力矩如下 科鲁兹/凯越：50N·m+45°+15° 日产骐达：33N·m+60° 帕萨特：60N·m+90° 索纳塔：33N·m+60° 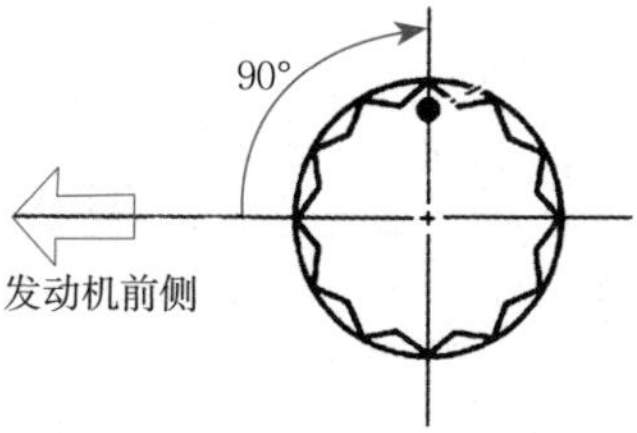

151

四、从连杆上拆装活塞

从连杆上拆下和安装活塞的重要事项见表4-4。

表4-4 从连杆上拆下和安装活塞的重要事项

项目	图解		
	步骤	操作内容及方法	重要规范或图示
从连杆拆下活塞	1	将活塞从发动机汽缸体上拆下	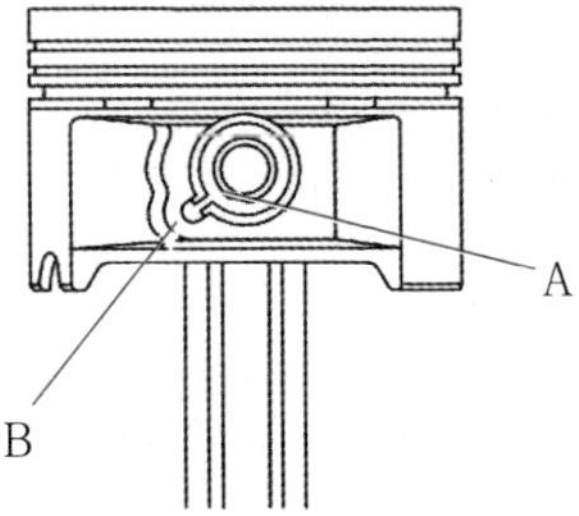
	2	在活塞销卡环A上涂抹新的发动机机油，并在环槽内转动它们直到端隙与活塞销孔B的切口对齐	
	3	将卡环A从各活塞两侧拆下；从活塞销孔的切口处开始，小心地拆下卡环，使其不飞出或丢失；戴上眼保护装置	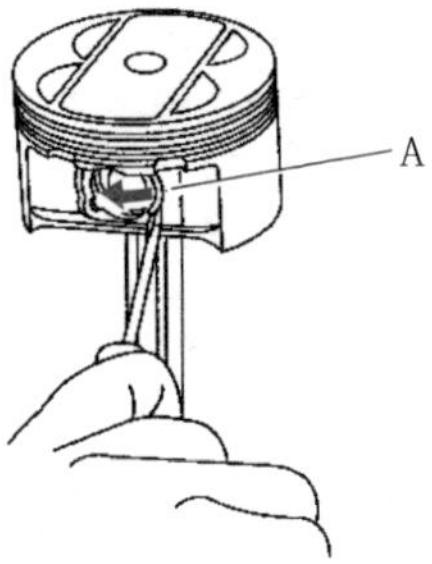
把活塞安装在连杆上	1	先在一侧安装活塞销卡环A	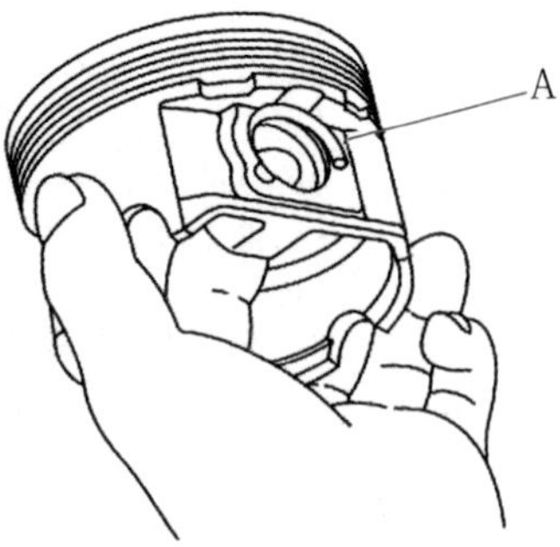

续表

项目		图解	
把活塞安装在连杆上	2	安装活塞 A 和连杆 B，使压印标记 C 在同一侧；安装活塞销 D	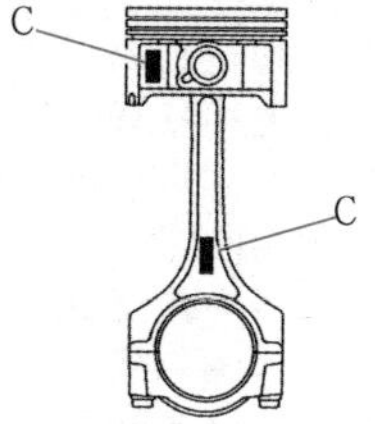 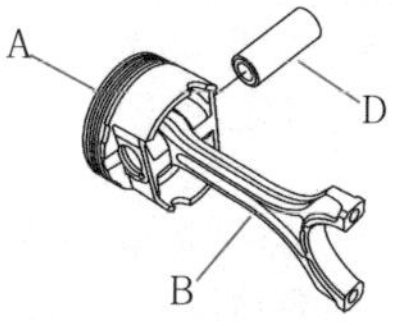
	3	安装另一侧卡环	
	4	用同样的方法重新装配其他的活塞	

五、活塞环的装配

活塞环的装配见表 4-5。

表 4-5　活塞环的装配

项目		图解	
步骤		操作内容及方法	重要规范或图示
1		将活塞从发动机汽缸体上拆下	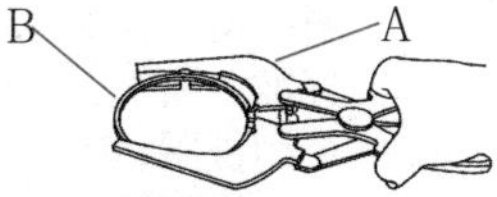 
2		使用活塞环扩张器 A 拆下旧的活塞环 B	
3		用一个直角断裂的环或一个带刮片可适应活塞环槽的环槽清理器彻底地清理所有环槽；如有必要，锉平刮片；第一道气环和第二道气环槽宽 1.2mm，油环槽宽 2.8mm；不要用钢丝刷清理环槽，不要用清理工具深切环槽 注意：如果要将活塞与连杆分离，就不要安装新的环	

续表

项目	图解	
4	活塞环"三隙"的检测：如果活塞环"三隙"超过技术规范要求就要更换新环；注意，更换新环时同样要进行"三隙"的检查；具体步骤见下框内容	
5	① 用厚薄规测量活塞环端隙 B 的步骤是：首先将活塞环置于汽缸孔距离上平面 15～20mm 左右处，然后用活塞顶平；用厚薄规检查如右图所示的间隙 B ② 如果端隙过小，检查发动机使用的活塞环是否正确；若正确可用锉刀修磨到标准，否则更换 ③ 如果端隙过大，对照磨损极限，重新检查汽缸孔直径；如果缸径超出了使用极限，必须重镗发动机汽缸体 对活塞坏端隙的技术要求如下 第一道气环 标准（新）：0.20～0.35mm 使用极限：0.60mm 第二道气环 标准（新）：0.40～0.55mm 使用极限：0.70mm 油环 标准（新）：0.20～0.70mm 使用极限：0.80mm	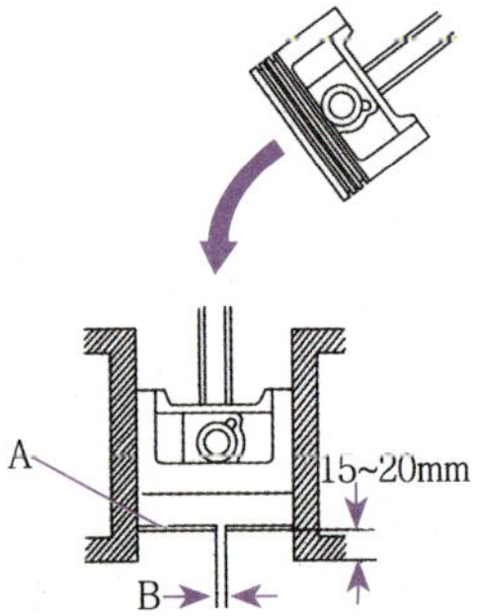
6	活塞环的侧隙检查：将活塞环平置于环槽内，用厚薄规检查环与环槽在轴向上的间隙，即为活塞环的侧隙，技术要求如下 第一道气环间隙 标准（新）：0.055～0.080mm 使用极限：0.15mm 第二道气环间隙 标准（新）：0.030～0.055mm 使用极限：0.13mm	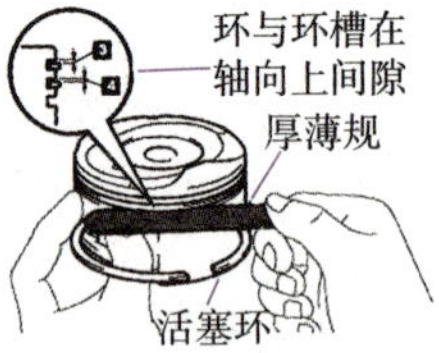
7	活塞环（气环）的宽度与活塞环槽的深度的差值即为活塞环的背隙 　一般的技术要求为：0.5～1.0	检查工具：可用游标卡尺

续表

项目	图解	
8	安装活塞环注意事项： ① 如右图所示，第一道气环A有标记，第二道气环B有标记2X，制造标记C必须朝上 ② 活塞环在槽内旋转，应该没有卡滞现象	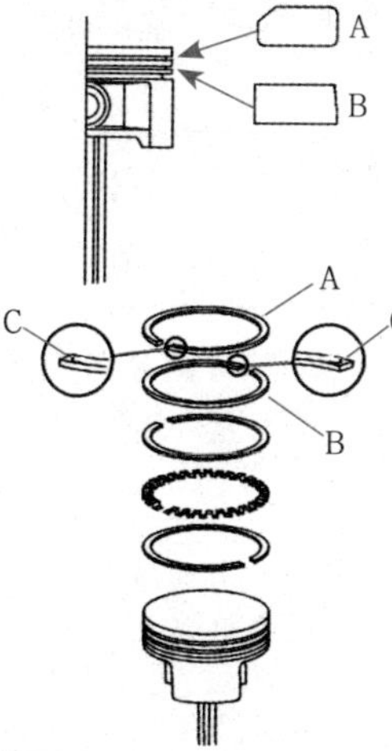
9	安装完一组新活塞环之后，测量活塞环到环槽的间隙，例如某车型活塞环间隙技术要求如下 第一道气环间隙 标准（新）：0.055～0.080mm 使用极限：0.15mm 第二道气环间隙 标准（新）：0.030～0.055mm 使用极限：0.13mm	
10	在活塞环槽内旋转活塞环，确保活塞环不卡滞	
11	活塞环端隙开口方向定位原则： ① 第一道环开口与活塞销轴向成约45°角 ② 第二道环开口与第一道环成180°角 ③ 第三道环在与两道环成90°的线上	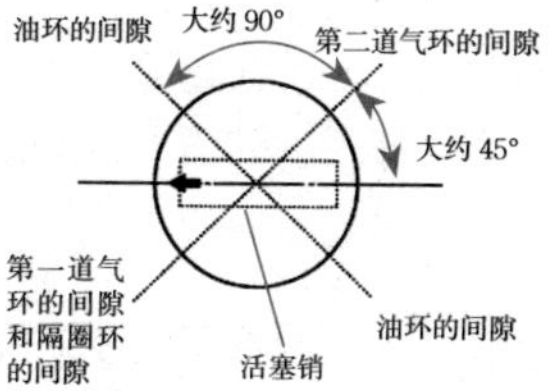

六、安装曲轴和活塞

曲轴和活塞的重要装配见表4-6。

表4-6 曲轴和活塞的重要装配

项目		图解
步骤	操作内容及方法	重要规范或图示
1	对曲轴及轴承进行装配前的清洁，并将主轴承按照标号顺序装入缸体承孔	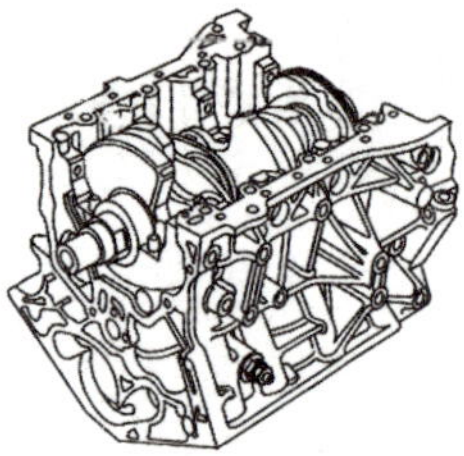
2	在主轴承内表面涂抹新机油后，把曲轴放入，如右图所示 注意：不要碰坏轴颈和CKP(曲轴位置传感器)脉冲板	
3	在带止推垫圈槽的一侧涂抹新的发动机机油，将止推垫圈A安装到3号轴颈上	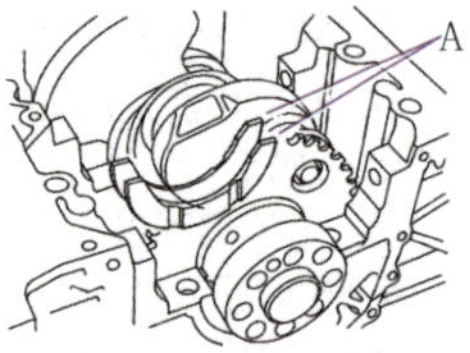
4	在箭头C面向发动机汽缸体正时皮带端时，安装轴瓦A和轴承盖B	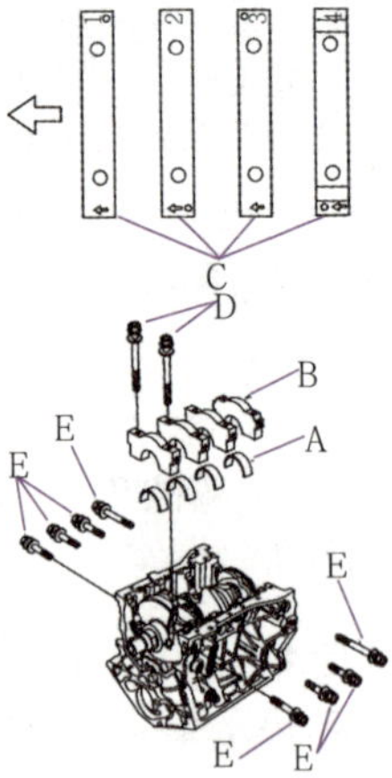
5	在螺栓的螺纹和法兰上，涂抹新的发动机机油，然后松松地安装轴承盖螺栓D和轴承盖侧螺栓E	
6	在活塞连杆组装配时，要将曲轴转到该缸的下止点处	
7	在活塞环、压环器内部和汽缸孔上涂抹新的发动机机油	

续表

项目	图解	
8	如右图所示,先将连杆及活塞裙部放入汽缸,同时要注意活塞装配标记(指向前)和活塞端隙开口方向;然后,将活塞环压紧器套住活塞环并收紧	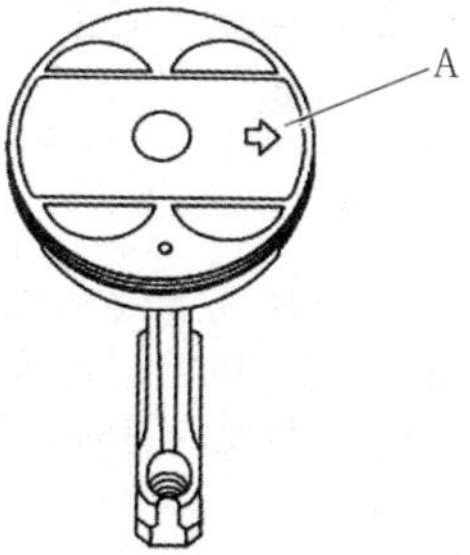
9	如右图所示,将活塞/连杆总成在汽缸内定位,并用锤子A的木柄将其敲入;在压环器B上,保持向下的压力,以防止活塞环在进入汽缸前胀开	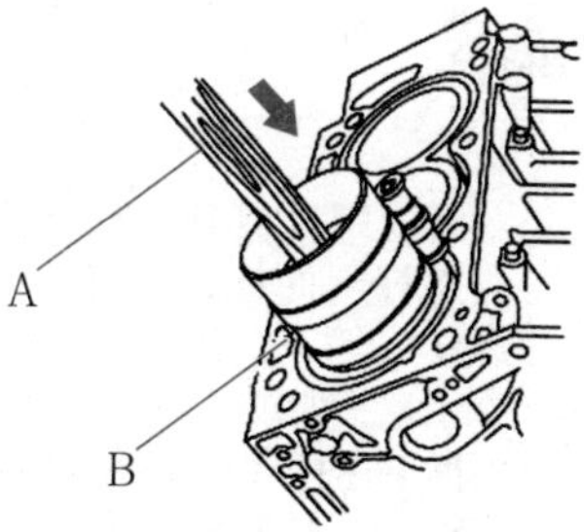
10	活塞环压缩器自由松开后,停止下压,在推活塞就位前,检查连杆与曲轴连杆轴颈是否对准	
11	检测如右图所示的连杆螺栓在点A和点B处的直径	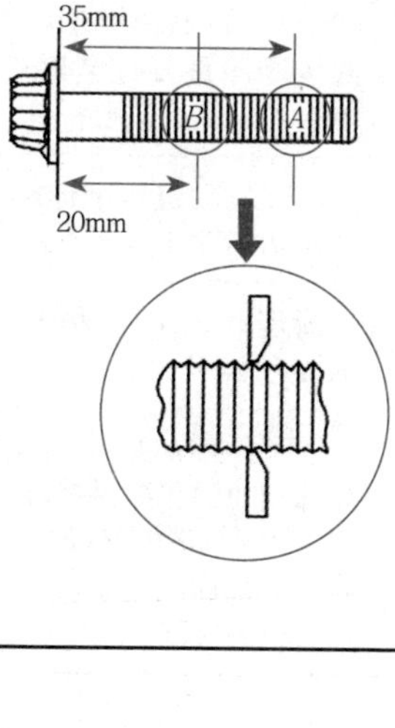
12	计算点A和点B处直径的差值: 点A-点B=直径差值 直径差值规格:0~0.1mm	
13	如果直径差值超出公差,则更换连杆螺栓	

续表

项目	图解
14	对齐连杆和盖上的标记A，然后安装盖 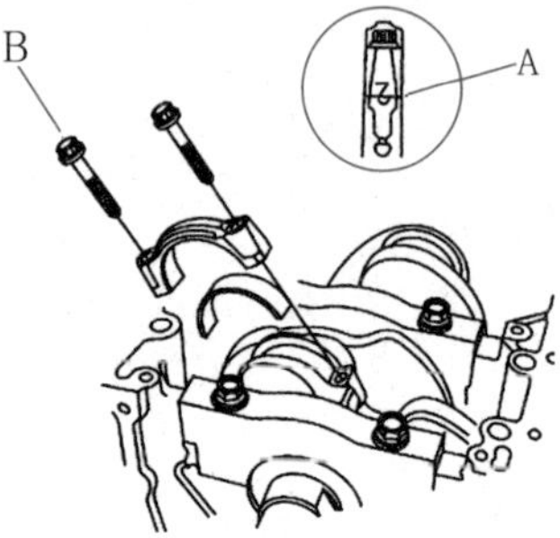
15	在螺栓的螺纹和法兰上涂抹新的发动机机油，将螺栓B紧固到维修手册规定的标准力矩
16	如图所示，标记连杆A和螺栓头B 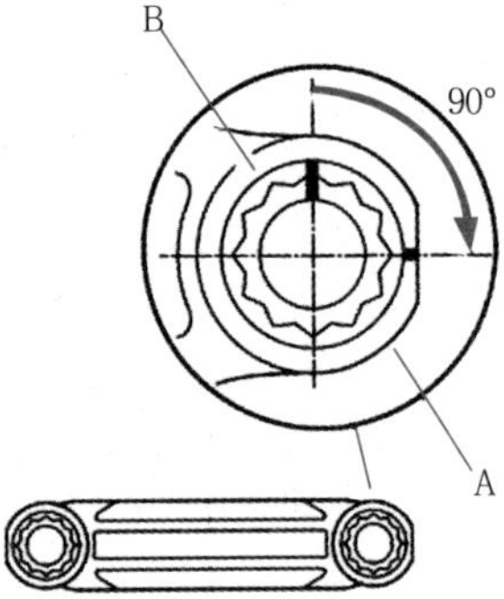
17	紧固螺栓直到螺栓头上的标记与连杆上的标记对齐为止（旋紧螺栓90°） 注意：如果紧固超出规定角度，则拆下连杆螺栓，并返回到程序的步骤14，切勿松回到规定角度
18	按右图示顺序拧紧轴承盖螺栓和轴承盖侧螺栓到规定力矩，再次按顺序重复拧紧以确保螺栓力矩恰当，完成重要操作 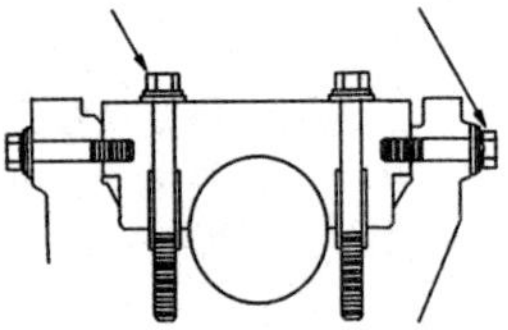
19	清除发动机汽缸体端盖接合面、螺栓和螺栓孔上所有旧的密封胶 清理并风干发动机汽缸体端盖的接合面 ① 将薄薄的一层多用途润滑脂涂抹到曲轴和油封唇口上 ② 安装新的曲轴油封直到拆装器附件底部碰到发动机汽缸体端盖，安装相关密封垫，安装相关附件

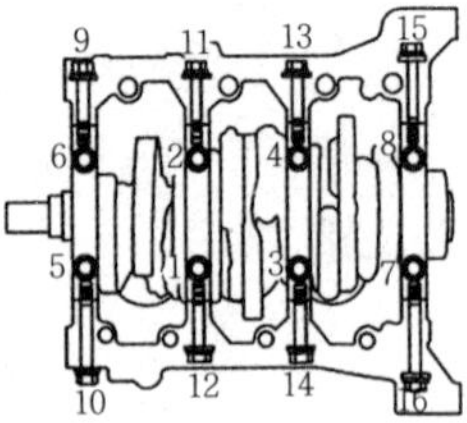

第四章 进阶的入门维修

第二节 手动变速器维修和装配

一、手动变速器零部件

变速器包含输入轴，把发动机动力传递给传动系统。传动系统中通过主动轴和从动轴上各个齿轮的啮合来改变速度及转动方向，从而产生五个不同的前进挡和一个倒挡。传动系统通过主减速从动齿传递给差速器，差速器通过左右传动轴输出。

维修图解

举例讲述的手动变速器是前置前驱车辆的（图4-3）。该变速器共有六个挡位，分别为一、二、三、四、五及倒挡。其中一、二挡属于低速挡，适于车辆启动和在比较崎岖的山路或者陡坡使用。三、四挡属于中速挡，适于车辆在市区比较通畅的道路上行驶。五挡是最高速挡，适于车辆在高速公路和良好的道路环境中使用。

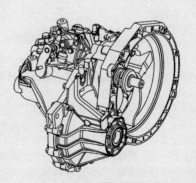

图4-3 变速器（前驱）

1 变速器操纵与壳体分解及零部件（图4-4）

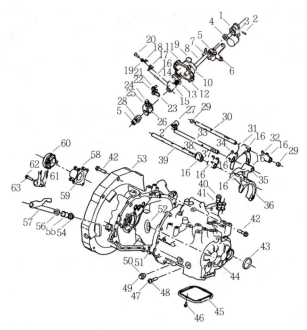

图4-4 变速器操纵与壳体分解及零部件

1—换挡摇臂总成；2—槽销；3—尼龙块；4—选换挡油封；5—选换挡滚针轴承；6—选挡摇臂总成；7—选挡支架螺钉；8—选换挡轴；9—通气塞；10—操纵座；11—操纵座螺钉；12—操纵座定位销；13—1/2挡复位弹簧挡片；14—1/2挡复位弹簧；15—倒挡保险座；16，18—销；17—倒挡保险拨块；19—倒挡保险扭簧；20—倒挡保险轴；21—倒挡保险挡片螺钉；22，25—垫片；23—倒挡保险挡片；24—互锁环螺钉；26—互锁环；27—选换挡拨头；28—5/R挡复位弹簧总成；29—1/2拨叉轴衬套；30—1/2挡拨叉轴；31—1/2挡拨叉；32—1/2挡拨块；33—3/4挡拨叉轴；34—3/4挡拨块；35—3/4挡拨叉；36—5/R挡拨叉；37—5/R挡拨块；38—倒车灯信号块；39—5/R挡拨叉轴；40—自锁销总成；41，48，50，63—垫圈；42—前后壳体连接螺钉；43—闷盖；44—后壳体；45—后壳体底板；46—后壳体底板螺钉；47—内六角螺钉；49—加油塞；51—定位销；52—导油嘴；53—前壳体；54—分离摇臂衬套A；55—分离摇臂衬套B；56—防尘套；57—分离摇臂总成；58—导向套螺钉；59—导向套；60—分离轴承总成；61—分离拨叉；62—分离拨叉螺钉

2 齿轮传动机构分解及零部件（图4-5）

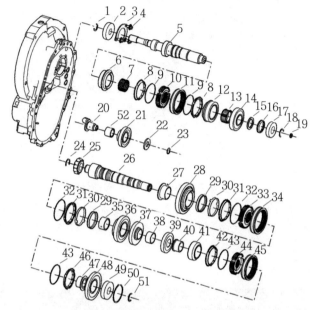

图4-5 齿轮传动机构分解及零部件

1—主动轴前轴承卡簧；2—主动轴前轴承；3—轴承盖板；4—轴承盖板螺钉；5—主动轴；6—主动轴三挡齿总成；7—三挡滚针轴承；8—3/4挡同步器齿环；9—3/4/5/R挡同步器环簧；10—3/4挡同步器齿毂；11—3/4挡同步器齿套；12—主动轴四挡齿总成；13—四挡滚针轴承；14—五挡齿；15—主动轴五挡齿挡圈；16—挡圈套；17—主动轴后轴承；18—主动轴后轴承卡簧；19—主动轴孔油封；20—倒挡惰轮轴；21—倒挡惰轮；22—倒挡惰轮垫片；23—倒挡惰轮卡簧；24—轴承卡簧；25—从动轴前轴承；26—从动轴；27—从动轴一挡滚针轴承；28—从动轴一挡齿总成；29—1/2挡同步器内锥环；30—1/2挡同步器中间环；31—1/2挡同步器外锥环；32—1/2挡同步器环簧；33—1/2挡同步器齿毂；34—1/2挡同步器齿套；35—从动轴二挡滚针轴承；36—从动轴二挡齿总成；37—从动轴三挡齿；38—从动轴三四挡隔套；39—从动轴四挡齿；40—从动轴五挡滚针轴承；41—从动轴五挡齿总成；42—五挡齿同步器齿环；43—3/4/5/R挡同步器环簧；44—5/R挡同步器齿毂；45—5/R挡同步器齿套；46—倒挡同步器齿环；47—倒挡滚针轴承；48—倒挡齿总成；49—从动轴后轴承总成；50—从动轴后轴承止动环；51—从动轴后轴承卡簧

3 差速器分解及零部件（图4-6）

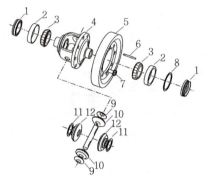

图4-6　差速器分解及零部件

1—传动轴油封；2—锥轴承（外圈）；3—锥轴承（内圈）；4—差速器壳体；5—差速器主减速从动齿；6—行星轴销；7—差速器螺钉；8—调整垫片；9—行星齿垫片；10—行星齿轮；11—半轴齿垫片；12—半轴齿轮

4 变速器附属零部件（图4-7）

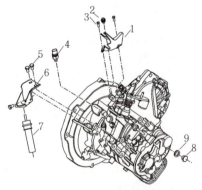

图4-7　变速器附属零部件

1—选换挡支架；2—支架螺钉；3—组合螺栓；4—倒车灯开关总成；5—从动缸支架螺栓；6—从动缸支架；7—从动缸；8—放油塞；9—铝垫圈

二、手动变速器解体

（1）拆下手动变速器总成。
（2）拆下操纵机构。
（3）拆下分离机构。
（4）拆下各外部支架及倒挡惰轮等。
（5）拆下前后壳体连接螺栓。
（6）拆下前后壳体。

维修图解

注意：分离前后壳体时，需用卡簧钳张开止动环并用尼龙榔头轻敲后壳体筋部，使之分离（图4-8）。

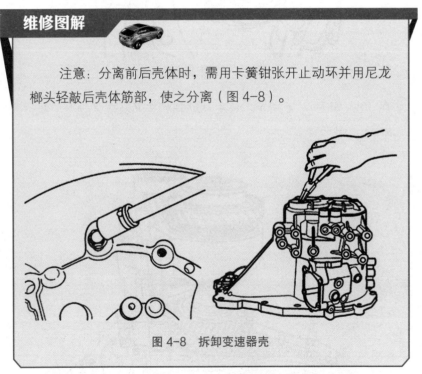

图4-8 拆卸变速器壳

拆下变速器壳以后，就可以看见内部的齿轮机构和差速器，逐一按照以下拆卸顺序拆下拨叉、轴、齿轮、差速器等部件。

（7）如图4-9所示，拆下轴承盖板。

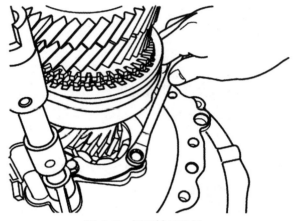

图4-9　拆下轴承盖板

（8）如图4-10所示，将主从动轴和拨叉及拨叉轴等一起拆离壳体。

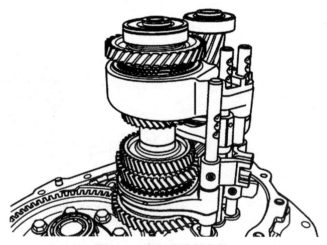

图4-10　取下两个轴整体

(9)如图4-11所示,拆下拨叉轴及各自的拨块拨叉等。

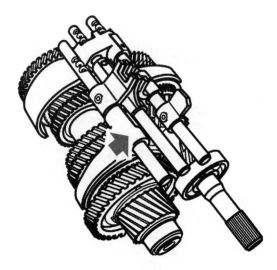

图4-11 拆下拨叉轴

(10)如图4-12所示,拧下图中箭头所指螺栓,拆下差速器总成。

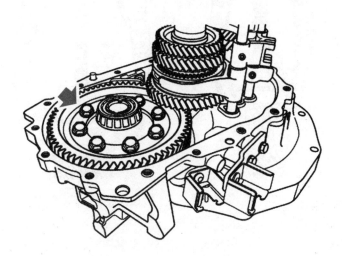

图4-12 拆下差速器总成

三、主轴的拆解

1 拆卸主轴

维修图解

（1）拆下变速器，打开变速器盖，拆下主动轴前轴承卡簧。按照下述图解执行具体操作，可顺利拆解下主轴承。

（2）用专用工具T32001拉出主动轴前轴承（图4-13）。

（3）拆下主动轴孔油封。

（4）拆下轴承卡簧。

（5）用专用工具T3200拉出主动轴后轴承（图4-14）。

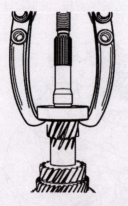
图4-13 拉出主动轴前轴承

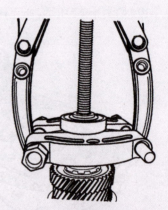
图4-14 拉出主动轴后轴承

（6）如图4-15所示，拆下挡圈套，拆下挡圈。

（7）如图4-16所示，用专用工具T32001拉出主动轴五挡齿。

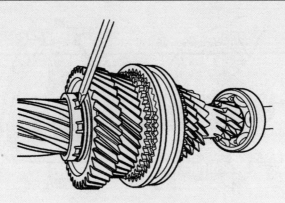

图 4-15 拆卸挡圈套及挡圈

（8）如图 4-17 所示，拆下主动轴四挡齿总成，拆下主动轴四挡齿滚针轴承。

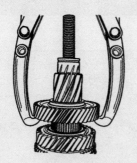 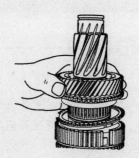

图 4-16　拉出主动轴五挡齿轮　　图 4-17　拆卸四挡齿轮总成

（9）如图 4-18 所示，拆下三/四挡同步器环簧及四挡同步器齿环，拆下同步器齿套，拆下同步器齿毂，拆下三挡同步器齿环及环簧。

（10）如图 4-19 所示，用专用工具 T32001 拉出主动轴三挡齿总成。

（11）拆下三挡齿滚针轴承。

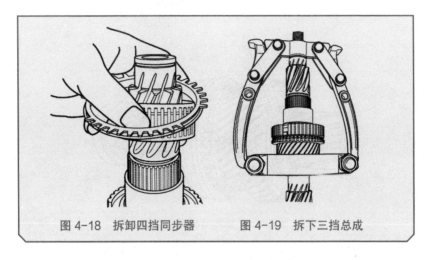

图 4-18 拆卸四挡同步器　　图 4-19 拆下三挡总成

2 安装主轴

维 修 提 示

（1）在组装前，清洁所有的部件和密封件。

（2）安装轴承后，安装新的卡簧。

（3）使用原装的变速器油来润滑轴承、转动部件、滑道、座和压力表面。

（4）检查零件是否有磨损、刮伤的迹象及损坏，如果有必要，应进行更换。

（1）在压床的压力和 T24001 的辅助下，安装主动轴前轴承。

（2）测量并选择新的主动轴前轴承卡簧安装。

（3）润滑三挡滚针轴承并安装到轴上。

（4）安装三挡齿总成。

（5）放入三挡同步器齿环和环簧。

(6)压入同步器齿毂并套入齿套。

维 修 提 示

注意：注意齿毂和齿套的安装方向。

(7)用专用工具 T24002 压入四挡齿滚针轴承内圈并装入滚针轴承。注意滚针轴承的润滑。

(8)放入四挡齿齿环、环簧和四挡齿总成。

(9)压入五挡齿。

(10)测量并选择 2 个新的半圈的挡圈安装。

(11)安装挡圈套。

(12)在压床和专用工具 T24003 的辅助下安装后轴承。

(13)卡入轴承卡簧。

(14)在专用工具 T24004 辅助下敲装主动轴孔油封。注意油封的润滑。

四、从动轴的拆解

1 拆卸从动轴

(1)拆下变速器总成。

(2)拆下从动轴总成。

(3)拆下轴承卡簧。如果前轴承损坏，则更换从动轴和前轴承组件。

(4)拆下从动轴后轴承卡簧。

（5）如图4-20所示，用专用工具T32001拉出从动轴后轴承及倒挡滚针轴承内圈。

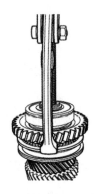

图4-20 拆卸轴承及倒挡滚针轴承内圈

（6）取下倒挡齿总成及滚针轴承等。

（7）如图4-21所示，用T32001同时拉出四挡齿、五挡齿滚针轴承内圈和同步器等。

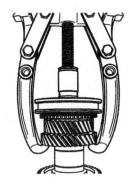

图4-21 拆下齿轮和同步器

（8）取出中间隔套。

（9）用压机压下从动轴一挡齿总成、同步器总成、二挡齿总成及三挡齿总成等。

2 安装从动轴

（1）用专用工具 T24005 压装一挡滚针轴承内圈。

（2）放置一挡滚针轴承。

（3）放置从动一挡齿轮总成。

（4）放置一/二挡同步器齿内锥环、中间环、外锥环、环簧。

（5）压装一/二挡同步器齿毂、齿套。注意安装方向。

（6）放置一/二挡同步器环簧、内锥环、中间环、外锥环。注意安装方向。

（7）用专用工具 T24006 压装从动二挡滚针轴承内圈。

（8）放置从动一挡滚针轴承。

（9）放置从动二挡齿总成。

（10）压装从动轴三挡齿。

（11）测量并放入三/四挡隔套，放置从动五挡齿轮。

（12）用专用工具 T24007 压装从动轴四挡齿。

（13）压装五挡滚针轴承内圈。

（14）放置三/五/倒挡滚针轴承。注意滚针轴承的润滑。

（15）放置从动五挡齿轮。

（16）放置三/四、五挡同步器齿环、环簧。

（17）压装五/倒挡同步器齿毂、同步器齿套。注意安装方向。

（18）放置三/四、五/倒挡同步器环簧、倒挡同步器齿环。注意安装方向。

（19）用专用工具 T24008 压装倒挡滚针轴承内圈。

（20）放置三/五/倒挡滚针轴承。

（21）用轴承压装工具压装从动轴后轴承，压装倒挡齿轮。

（22）选配并卡入从动轴后轴承止动环。

(23）用轴承压装工具压装从动轴前轴承。

(24）用卡簧钳卡入轴承卡簧。

五、拆卸倒挡轮

1 拆卸倒挡轮

维修图解

（1）如图4-22所示，拆下在变速器壳体上安装的倒挡螺栓。

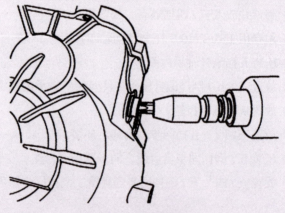

图4-22　拆卸倒挡螺栓

（2）如图4-23所示，取出倒挡轮总成。

（3）如图4-24所示，拆下倒挡惰轮卡簧。

（4）依次拆下卡簧挡片、滚针轴承和倒挡轮。

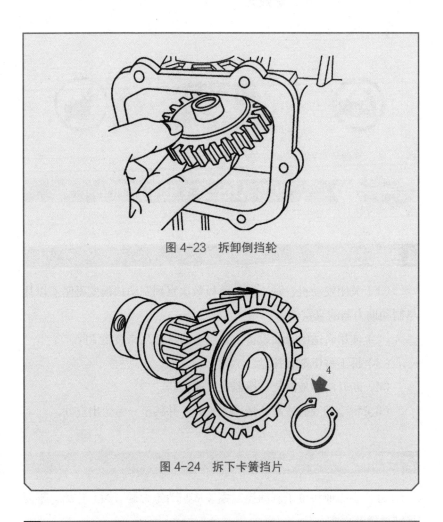

图 4-23 拆卸倒挡轮

图 4-24 拆下卡簧挡片

2 安装倒挡轮

（1）安装前卡簧必须换新的。

（2）依次安装卡簧挡片、滚针轴承和倒挡轮。注意滚针轴承的润滑。

（3）卡入倒挡惰轮卡簧。

（4）装入后壳体，拧上螺钉。

第三节 制动系统维修

 一、更换 ABS 泵（电子控制单元）

1 拆卸注意事项

（1）关闭发动机，踩下制动踏板数次直到制动踏板变得坚实以耗尽制动助力器的真空储备。

（2）使用合适的吸油设备，将制动液从总泵储液罐清除。

（3）拆下蓄电池和托盘。

（4）断开制动液液位传感器电气连接器。

（5）将冷却液储液罐从托架上松开，并移至一旁留出空间。

2 安装注意事项

（1）小心地将电子制动控制模块从制动压力调节阀上分离，不要将部件撬开。

（2）最好用工业酒精和干净的抹布，清洁并擦干制动压力调节阀密封面。

（3）加注总泵储液罐。

（4）如果安装新的电子制动控制模块，编程电子制动控制模块。

（5）排出制动系统中的空气。

(6)执行"诊断系统检查"。

(7)校准制动踏板位置传感器。

(8)方向盘转角传感器对中。

ABS电子控制单元装配图见图4-25。

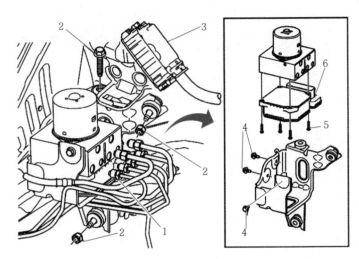

图4-25 ABS电子控制单元

1—制动管接头;2—电子制动控制模块托架紧固件;3—电子制动控制模块电气连接器;4—制动压力调节阀螺栓;5—电子制动控制模块螺栓;6—电子制动控制模块

二、液压制动系统排气

1 预排气

(1)连接制动液加注和排气装置(专用设备)。

(2)排气顺序:将左前和右前的制动钳同时排气;将左后和右后

的制动钳同时排气。

（3）插上排气瓶软管后打开排气阀，直至排出的制动液无气泡为止。接着通过功能"基本设置"用测试仪 VAS 5051 再次对液压单元排气（以大众为例）。

2 正常排气

（1）连接制动液加注和排气装置（专用设备）。

（2）以如下规定的顺序打开排气阀并对制动钳排气：

1）左前制动钳；

2）右前制动钳；

3）左后制动钳；

4）右后制动钳。

使用合适的排气软管，它必须紧固在排气阀上，以避免空气进入制动装置。

（3）在插上排气瓶软管后打开制动钳排气阀，直至排出的制动液无气泡为止。

3 再次排气

（1）用力踩下制动踏板并踩住。

（2）打开制动钳上的排气阀。

（3）将制动踏板踩到底。

（4）在踏板踩下时关闭排气阀。

（5）慢慢松开制动踏板。

维修图解

每个制动钳必须进行 5 次排气（图 4-26）。

排气顺序：

（1）左前制动钳；

（2）右前制动钳；

（3）左后制动钳；

（4）右后制动钳。

排气后必须进行试车，同时必须至少进行一次 ABS 调节。

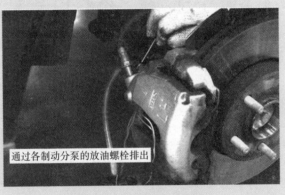

通过各制动分泵的放油螺栓排出

图 4-26 制动系统排气

 三、拆装驻车制动电机

1 拆卸驻车制动电机

拔下插头前，必须保证点火开关至少已关闭 30s。

维修图解

(1) 如图 4-27 所示,拔下插头。

(2) 如图 4-28 所示,拧下箭头所示螺栓,拆下护盖。

(3) 取出电机。

(4) 拆下密封圈。

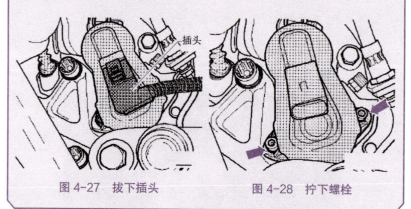

图 4-27 拔下插头　　　　图 4-28 拧下螺栓

2. 安装驻车制动电机

维修图解

(1) 清洁安装密封圈的环形槽和电机接触面,安装新的密封环(图 4-29)。

(2) 如图 4-30 所示,星形螺栓工具套件 T45 微调螺杆,轻轻向回传动心轴,以使电机能够正确安装到位。

(3) 安装螺栓,并拧紧。

(4)装上插头。

(5)对制动装置进行基本设置。

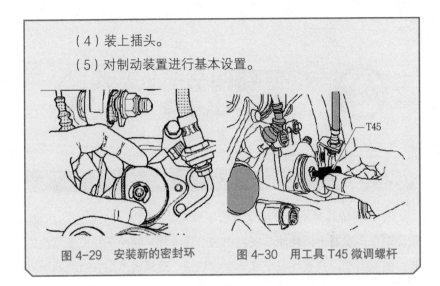

图 4-29 安装新的密封环　　图 4-30 用工具 T45 微调螺杆

第四节 空调系统维修

一、部件布置及零部件

空调系统将热量由环境空气传至蒸发器，散去乘员厢中的热量。制冷剂在蒸发器中循环使蒸发器中的空气冷却。制冷剂在蒸发器内膨胀，蒸发器变冷并从环境空气中吸收热量。鼓风机风扇将空气从蒸发器表面吹过，从而散发热量，然后将冷空气吹入乘员厢。空调系统见图4-31。

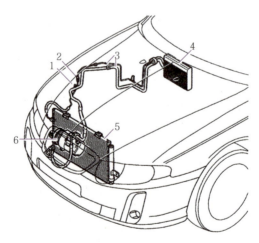

图4-31　空调系统部件布置及零部件

1—低压维修连接器；2—高压维修连接器；3—制冷剂管路；4—蒸发器及带温度调节装置的膨胀阀；5—冷凝器；6—压缩机

二、加注制冷剂

1 空调制冷系统抽真空

由于维修或者更换空调制冷回路中部件,系统内就会进入空气,空调制冷回路中是不能有空气的,因此必须将空气彻底抽出。

抽真空时,由于压力越来越低,水逐渐汽化成蒸气而被抽出,这个过程比较慢,因而抽真空最少需30min以上。

(1)将歧管压力表的高、低压软管分别接在高、低压侧气门阀上,将中间软管与真空泵相连接。

(2)打开歧管压力表上的高、低压手动阀,启动真空泵,观察低压表(过程表)的指针,应该有真空显示。

(3)连续抽5min后,低压应达到0.03MPa(真空度),高压略低于零,如果高压表不能低于零刻度,表明系统内有堵塞,应停止抽真空,修复后,再抽真空。

(4)真空泵工作15min后,低压表指针应在0.001~0.02MPa之间,如果达不到此数值,这时应关闭高、低压手动阀,观察低压表的指针,如果指针上升,说明真空有损失,系统有漏点,应停止抽空,修复后才能继续抽真空。

(5)系统压力接近于真空时,关闭高、低压手动阀,保压5~10min。如低压表指针不动,则打开高、低压手动阀开启真空泵,继续抽真空,抽真空的时间不得少于30min。

(6)抽真空结束时,先关闭高、低压手动阀,再关闭真空阀系统,这样,就可以向系统中加注冷冻油或充注制冷剂。

2 加注空调制冷剂

（1）歧管压力表（空调制冷回路压力表）主要用于对空调系统抽真空、充入时放出制冷剂以及判定空调系统故障等。

维修图解

歧管压力表（图4-32）工作过程如下。

（1）低压手动阀开启，高压手动阀关闭，此时可以从低压侧向制冷系统充注气态制冷剂。

（2）低压手动阀关闭，高压手动阀开启，此时可使系统放空，排出制冷剂，也可以从高压侧向制冷系统充注液态制冷剂。

（3）两个手动阀均关闭，可用于检测高压侧和低压侧的压力。

（4）两个手动阀均开启，内部通道全部相通。如果接上真空泵，就可以对系统抽真空。

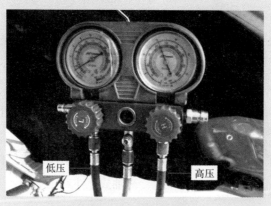

图4-32 歧管压力表

（2）从高压端充注制冷剂。

1）当系统抽真空后，关闭歧管压力表上的高、低压手动阀。

2）将中间软管的一端与制冷剂罐注入阀的接头连接起来，打开制冷剂罐开启阀，再拧开歧管压力表软管一端的螺母，让气体溢出几分钟，把空气赶走，然后再拧紧螺母。

3）打开高压侧手动阀至全开位置，将制冷剂罐倒立，以便从高压侧充注液态制冷剂。

4）从高压侧注入规定量的液态制冷剂。关闭制冷剂罐注入阀及歧管压力表上的手动高压阀，然后将仪表卸下。

维修提示

从高压侧向系统充注制冷剂时，发动机处于不启动状态（压缩机停转），更不可拧开歧管压力表上的手动低压阀，以防产生液压冲击。

（3）从低压端充注制冷剂。

1）将歧管压力表与压缩机和制冷剂罐连接好。

2）打开制冷剂罐，拧松中间注入软管在歧管压力表上的螺母，有气体流动的声音，然后拧紧螺母，目的是排出软管中的空气。

3）打开手动低压阀，让制冷剂进入制冷系统。当系统的压力值达到0.4MPa时，关闭手动低压阀。

4）启动发动机，将空调开关接通，并将鼓风机开关和温控开关都调至最大。

5）再打开歧管压力表上的手动阀，让制冷剂继续进入制冷系统，直至充注量达到规定值。

6）在向系统中充注规定量制冷剂之后，确定加注制冷剂正常，无过量。随后将发动机转速调至2000r/min，冷风机风量开到最高挡，若气温在 30~35℃，系统内低压压力为 0.15~0.20MPa，高压侧大概为 1.40~1.60MPa。

7）充注完毕后，关闭歧管压力表上的手动低压阀，关闭装在制冷剂罐上的注入阀，使发动机停止运转，将歧管压力表从压缩机上卸下，卸下时动作要迅速，以免过多制冷剂排出。

（4）排放制冷剂。

在实际维修中，如果制冷剂没办法回收，需要排放制冷剂。慢慢地打开高压阀进行降压，高压表大概在 0.35MPa 以下时再打开低压阀，至无压力为止。

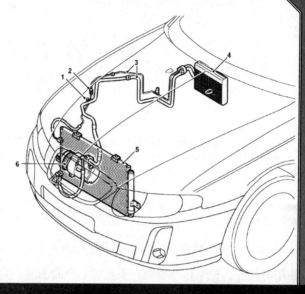

《第五章》
深度的入门维修

CHAPTER 5

第一节
学看汽车电路图

 一、掌握电路图的识读方法

1 掌握"三个要点"

（1）掌握各种车型的电路图中图形意义、标注规则、符号含义和使用方法等，记不住不要紧，但要看着电路图能找到对应元件。

（2）掌握一定的电气系统的工作原理，尤其是电器元件的电路输出和输入。

（3）掌握承修车辆的电器布置情况。

2 "一种两路"的技巧

（1）一种车型。

精心分析一种车型的典型电路，掌握各个系统之间的接线特点和规则，进而了解一个车系的电路特点。

（2）两路理顺。

第一，顺向：从用电设备找到蓄电池正极和搭铁，顺着电流，找到流向从蓄电池正极出发到用电设备到搭铁。

第二，逆向：逆着电流方向从负极搭铁到用电器到蓄电池正极。

选择一种路径或者两种路径结合的方法去理顺，善于将一个复杂的系统回路简化，这样有利于快速理清电路结构。

第五章 深度的入门维修

二、电路图基本特点

电路图通常可以看做3个部分来阅读处理,最上部、最下部和中部。

1 电路图最上部

维修图解

如图5-1所示,在大众车系电路图中,控制单元(J519)符号置于最上部。

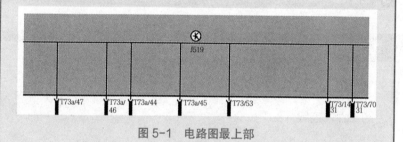

图5-1 电路图最上部

2 电路图最下部

维修图解

如图5-2所示,负极搭铁电位最下部,用图中最下面一条导线表。

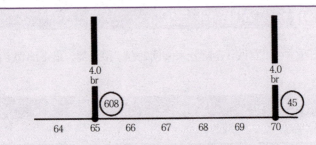

图 5-2 电路图最下部

608—接地点（在排水槽中部）；45—接地点（在仪表板中部空调右侧支架上）

3 电路图中间部分

维修图解

如图 5-3 所示，大众车系电路图中，中间部分是车上的电器元件及连线。

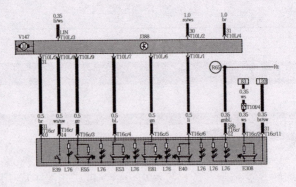

图 5-3 电路图中间部分

V147—驾驶员侧车窗升降器电机；E39—后部车窗升降器锁止开关；E308—驾驶员侧车内联锁按钮

4 电流路径

电流方向基本上是从上到下，电流流向是电源正极→保护装置→开关→用电器→搭铁→电负极，形成简明的完整回路（图 5-4）。

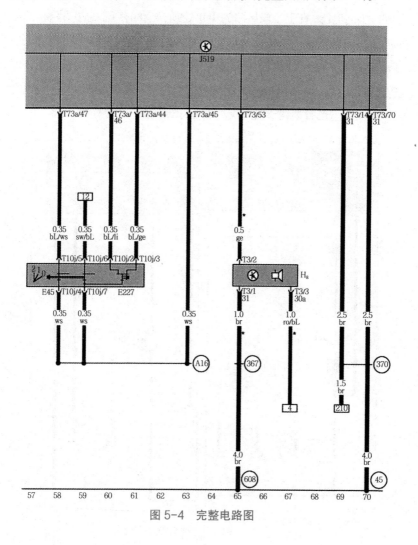

图 5-4　完整电路图

5 用小方块里的数字代号解决电路交叉问题

大众车系采用断路代号法来处理线路复杂交错的问题，例如图 5-5，某一条线路的上半段在电路号码为 4 的位置上，下半段在电路号码为 67 的位置上，在上半段电路的中止处画一个标有 67 的小方格，即可说明下半段电路就在电路号码 67 的位置上，下半段电路开始处也有一小方格，里面标有 4，说明上半段电路就应在电路号码为 4 的位置上，通过 4 和 67，上、下半段电路就连在一起了。使用这种方法以后，读再复杂的电路图，也看不到一根横线，线路清晰简洁，方便查找。

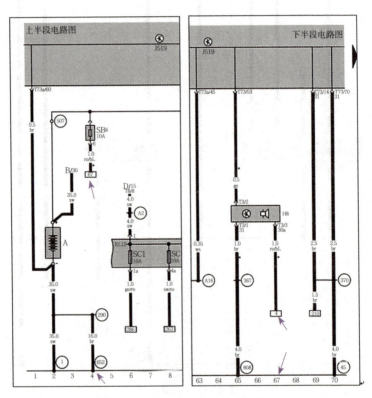

图 5-5　图中小方格为电路交叉

6 电路图最上边的内部正负线路

最上区域内部水平线为接电源正极的导线，有 30、31、15、X 等。电路中经常通电的线路使用代号 30，接地线的代号是 31，受控制的大容量用电设备的电源线代号是 X，受控制的小容量用电设备的电源线代号是 15。

维修图解

（1）常火线　常电源就是在蓄电池正常的情况下，均有规定电压的电源线，如图 5-6 所示，30 号线接蓄电池正极，汽车维修中我们称之为"常火线"。

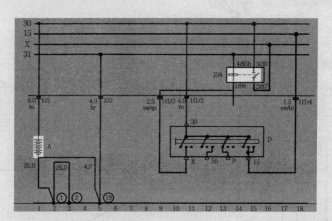

图 5-6　电路图

（2）条件电源　条件电源就是在一定的条件下才有规定电压的电源线，即 15 号线。点火开关置于 ON(接通)和 ST(启动)挡时，30 号线经点火开关连接中央继电器盒内的 15 号线，也就是说打开钥匙门时会有电。

(3)卸荷线 卸荷线(X)是大容量火线,雾灯、刮水器和风窗加热等用电取自 X 线,只有在点火开关位于 ON 挡时 X 触点继电器 J59 才工作,30 号线经 X 触点继电器触点接通 X 线,而在点火开关位于 ST(启动)挡启动发动机时 X 线自动断电,从而保证发动机能顺利启动。

7 中央控制盒

汽车的整个电气系统以中央配电盒为中心进行控制,大部分继电器和保险丝安装在中央配电盒的正面,接插器和插座安装在中央配电盒背面。

维修图解

如图5-7所示,电路图上标有4/85、3/30、2/87和1/86,分母数85、30、87和86是指继电器上的4个插脚,分子和分母是相对应的。电路图上的 2 表示该继电器在中央控制盒的2号位置安装。

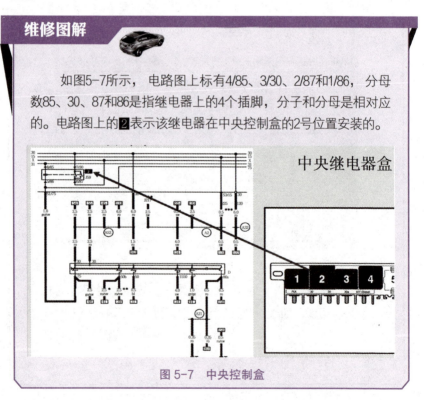

图 5-7 中央控制盒

三、电路与导线插接器

1 导线和电路图特殊标记

电路图中导线一般用实线表示，有些导线的右边带有 *、**、***、*数字、*字母，表示该导线并不适用于所有车型，具体信息会在右侧列表中标出。导线一般有主色和辅色两种（图5-8）。

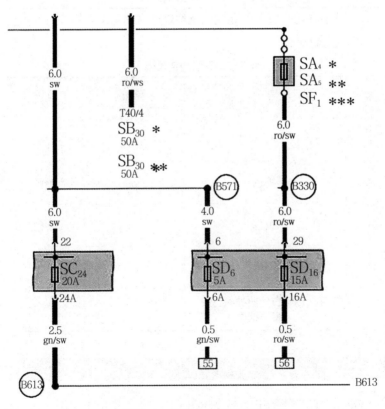

图5-8 导线和电路图特殊标记

2 导线特定含义和颜色代码（表5-1和表5-2）

表5-1　部分导线颜色特定定义

颜色	特指用在电气设备的导线	颜色	特指用在电气设备的导线
红色	蓄电池电源线	棕色	搭铁线（31）
绿色	点火开关（1）	黄色	前照灯线路（58）

大众车系在电路图上，导线颜色均以德文缩写形式标注，其中文含义对照表见表5-2。

表5-2　导线颜色代码

代码	含义	代码	含义
bl	蓝色	ro	红色
br	棕色	sw	黑色
ge	黄色	li	紫色
gm	绿色	ws	白色
ro/ws	标有红色和白色两种颜色的一根导线		

3 导线规格

电路图中在导线的中间部分标注了该导线的规格（单位：mm^2），这是表示导线的粗细，即横截面积（图5-9）。

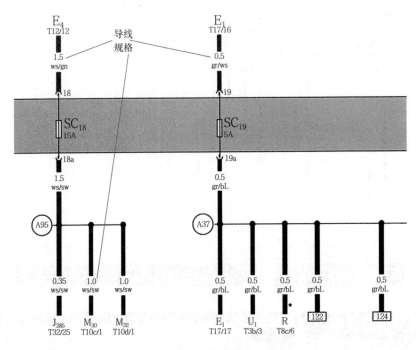

图 5-9 导线规格

在电路维修时,如果无法得到一样规格的导线,只能够采用截面积大一个规格的导线来代替。

4 接地点(搭铁)

一般用汽车车身作为搭铁,通贯整个车辆的搭铁导体,用电路图底部的一根细线来表示。在细线上,会标注电路序号以及搭铁线在车身上的搭铁位置序号。一般(搭铁)接地点在电路图的起始页码就会标出,如图 5-10 所示。在电路图查找过程中,可以在右侧的列表中找到搭铁点在车身上的具体位置。

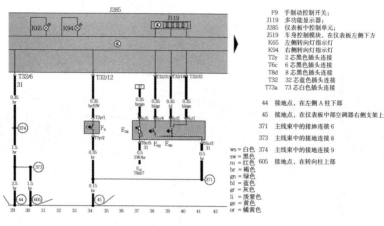

图 5-10 接地点（搭铁）

5 插接器

维修图解

如图 5-11 所示，不论是控制单元上的插接器（电脑插头）还是线路连接插头，都是由接线端代号在电路图上查找的。

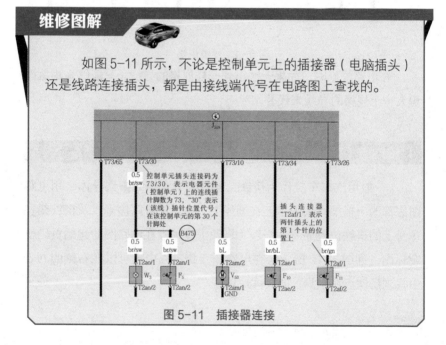

图 5-11 插接器连接

四、电路图识读案例——迈腾前大灯电路图分析(图5-12和图5-13)

F266—发动机舱盖接触开关;J519—车载电网控制单元;M1—左侧停车灯灯泡;M29—左侧近光灯灯泡;M30—左侧远光灯灯泡;T2bb—2芯黑色插头连接,大灯右后侧;T8t—8芯黑色插头连接;T10q—10芯黑色插头连接;T11—11芯黑色插头连接;T11a—11芯棕色插头连接;V48—左侧照明距离调整伺服电机;279—接地连接5,车内线束中;371—接地连接6,在主线束中;380—接地连接15,在主线束中;671—接地点1,左前纵梁上;685—接地点1,右前纵梁上;B282—正极连接6(15a),在主线束中;B476—连接12,在主线束中;*—仅适用于带照明距离调节装置的汽车

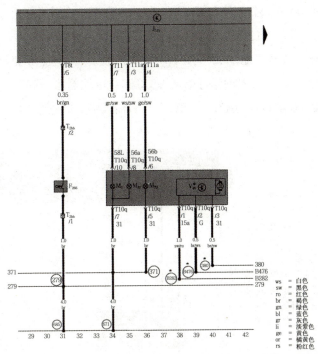

图 5-12 大灯电路(一)

(1)左侧停车灯电路 J519车载电控单元→T11/7→T10q/10→左侧停车灯灯泡M1→T10q/7→左前纵梁上接地点3搭铁。

(2)左侧远光灯电路 J519车载电控单元→T11a/3→T10q/8→左侧远光灯灯泡M30→T10q/7→左前纵梁上接地点3搭铁。

（3）左侧近光灯电路　J519 车载电控单元→T11a/4→T10q/6→左侧近光灯灯泡 M29→T10q/5→左前纵梁上接地点 3 搭铁。

（4）右侧停车灯电路　J519 车载电控单元→T11a/10→T10r/10→右侧停车灯灯泡 M3→T10r/7→右前纵梁上接地点 1 搭铁。

（5）右侧远光灯电路　J519 车载电控单元→T11/3→T10r/8→右侧远光灯灯泡 M32→T10r/7→右前纵梁上接地点 1 搭铁。

（6）右侧近光灯电路　J519 车载电控单元→T11/2→T10r/6→右侧近光灯灯泡 M31→T10r/5→右前纵梁上接地点 1 搭铁。

J519—车载电网控制单元；M3—右侧停车灯灯泡；M31—右侧近光灯灯泡；M32—右侧远光灯灯泡；T10r—10 芯黑色插头连接；T11—11 芯黑色插头连接；T11a—11 芯棕色插头连接；V49—右侧照明距离调整伺服电机；279—接地连接 5，车内线束中；380—接地连接 15，在主线束中；B282—正极连接 6（15a），在主线束中；B476—连接 12，在主线束中；*—仅适用于带照明距离调节装置的汽车

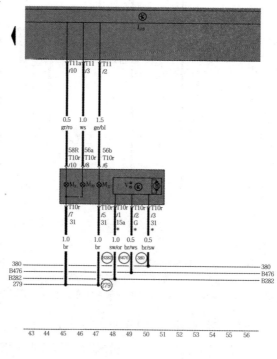

图 5-13　大灯电路图（二）

第二节 电气设备维修

一、发电机主要零部件

交流发电机安置在发动机顶部的右前方且用两个螺钉拧进铸件的螺纹孔固定在铝铸件上。

交流发电机由于它不同的附加装置，每个都有不同的附着点。驱动皮带轮附于转子的一端且由曲轴引出的多V形带驱动。交流发电机的位置是固定的，皮带张力靠远端的自动张紧轮来维持。

交流发电机在结构上都相似且都包括一个定子、一个转子、一个整流器和一个调节器。单向输出端用一根粗电缆连接到蓄电池的正极。交流发电机通过其支架接地。

三针脚连接器为充电警示灯、点火系统蓄电池供电以及为发动机控制模块交流发电机充电信号提供连接。

发电机主要部件和装配位置见图5-14。

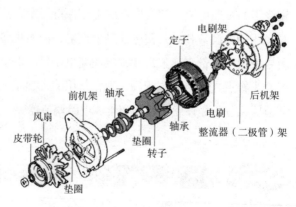

图5-14　发电机主要部件

1 电刷及组件

电刷及组件由两只电刷、电刷弹簧和电刷架组成。电刷装在电刷架的孔内，由电刷弹簧的压力使电刷与转子总成上的集电环保持紧密接触，用于给转子绕组提供磁场电流。两个电刷的引线分别与后端盖上的磁场接线柱"F"和搭铁接线柱"E"或"—"相连接。

2 前后端盖

前后端盖为铝合金压铸件，可减少漏磁并具有轻便、散热性能良好的优点。为了提高轴承孔的机械强度，增加其耐磨性，在端盖的轴承座孔内镶有钢套。在后端盖内固定有一块或两块元件板，发电机的正极输出线由正元件板上有绝缘套的螺杆通过后端盖上的孔输出，后端盖上还装有电刷架。

3 发电机调节器

发电机调节器的作用是在发动机转速变化时，通过调节发电机励磁绕组的励磁电流，使发电机的电压保持稳定，防止发电机电压过高而烧坏用电设备和导致蓄电池过量充电，同时也防止发电机电压过低而导致用电设备工作失常和蓄电池充电不足。调节器按元件性质来分可分为触点式和电子式两种，现在常用的主要是电子式。电子式电压调节器又分为晶体管调节器和集成电路调节器。

二、发电机的拆解

发电机的拆解步骤见表5-3。

表 5-3　发电机的拆解

项目	图解	
步骤	拆解事项	图示 / 示意图
第一步	① 在拆下交流发电机和调节器之前先进行测试 ② 拆下交流发电机 ③ 如果需要更换前轴承，用合适规格的扳手 A 和 22mm 扳手 B 拆下皮带轮锁紧螺母；如有必要，使用冲击扳手；如右图所示，向扳手相反方向用力	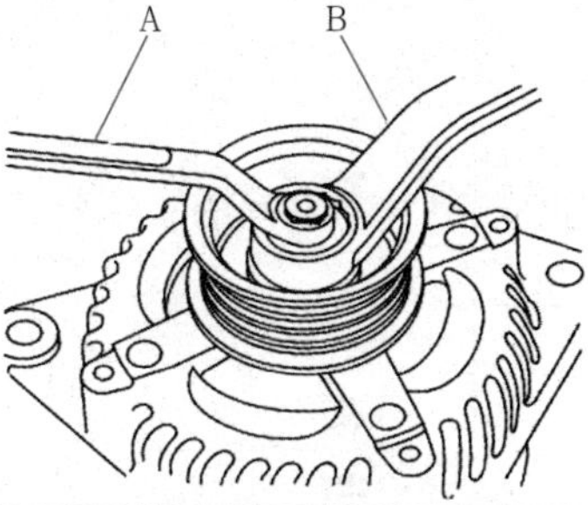
第二步	④ 拆下法兰螺母，如右图所示	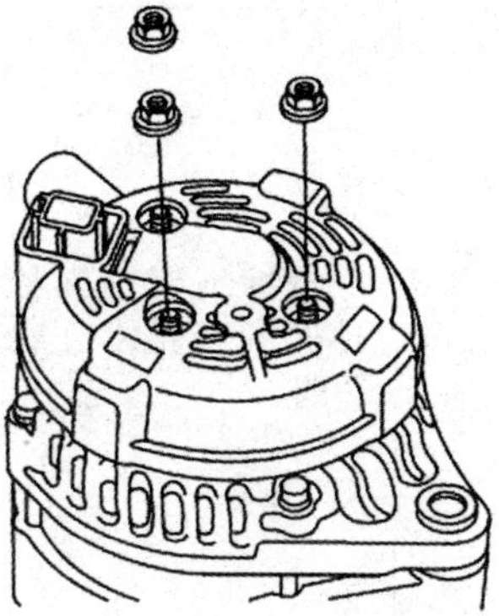
第三步	⑤ 拆下端盖 A 和端子绝缘体 B	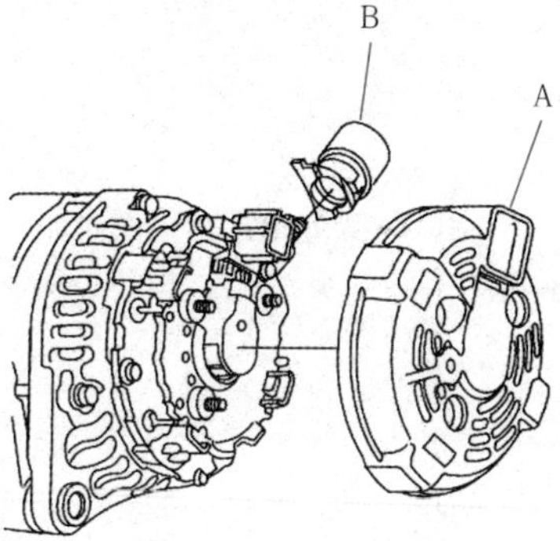

续表

项目	图解
第四步	⑥拆下电刷架总成A 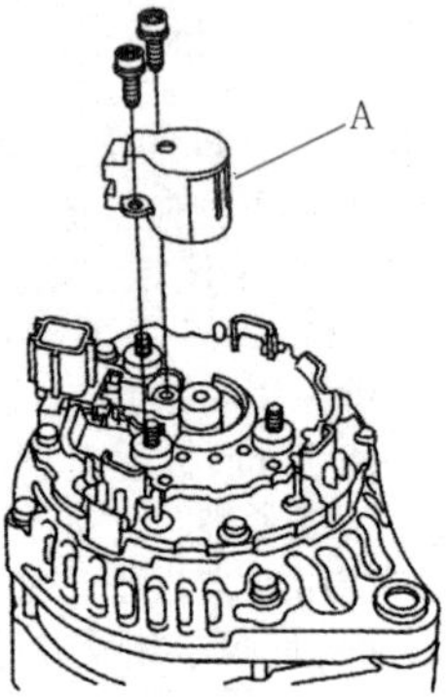
第五步	⑦拆下四个螺栓，然后拆下后壳体总成A和垫圈B 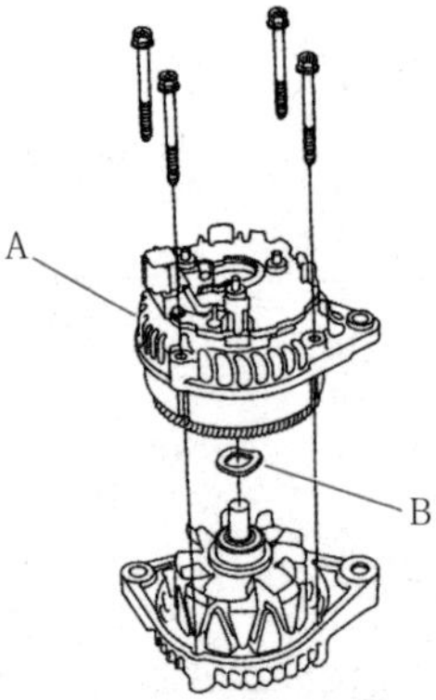
第六步	⑧如果不更换前轴承，转至步骤⑬，将转子从驱动端壳体上拆下 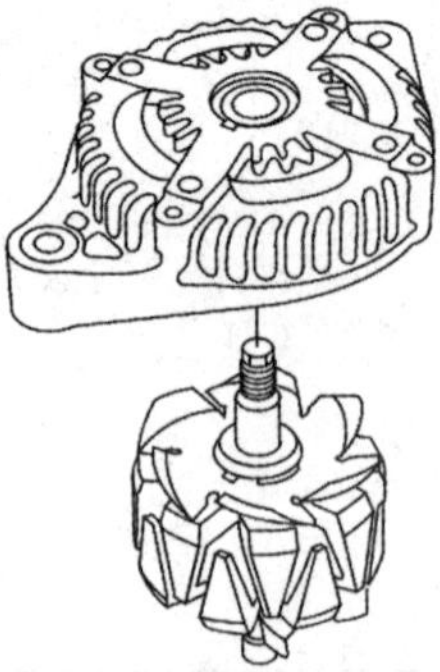

续表

项目	图解
第七步	⑨检查转子轴是否有划痕,并检查驱动端壳体上的轴承轴颈表面是否有卡滞痕迹;如果转子损坏,更换转子总成;如果转子正常,转至步骤⑩拆下前轴承护圈 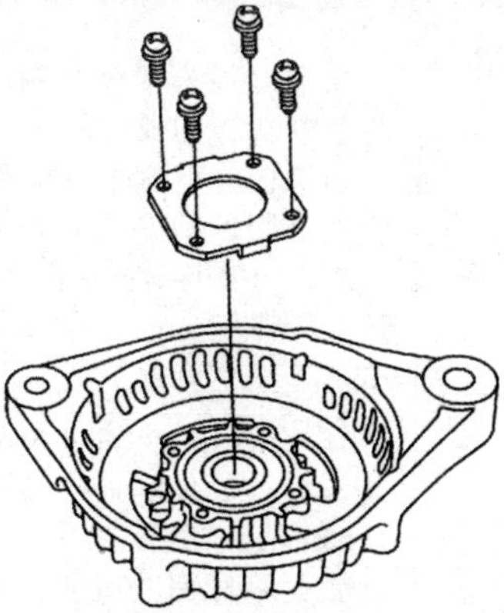
第八步	⑩用黄铜冲子和锤子敲出前轴承 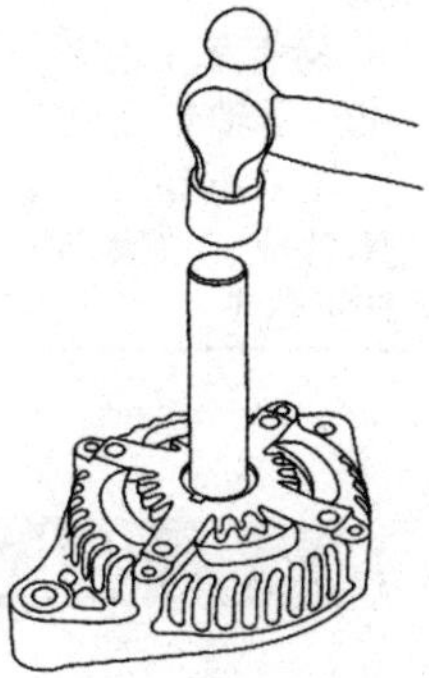
第九步	⑪用锤子、拆装器手柄和轴承拆装器附件,将一个新的前轴承安装到驱动端壳体内（专用工具） 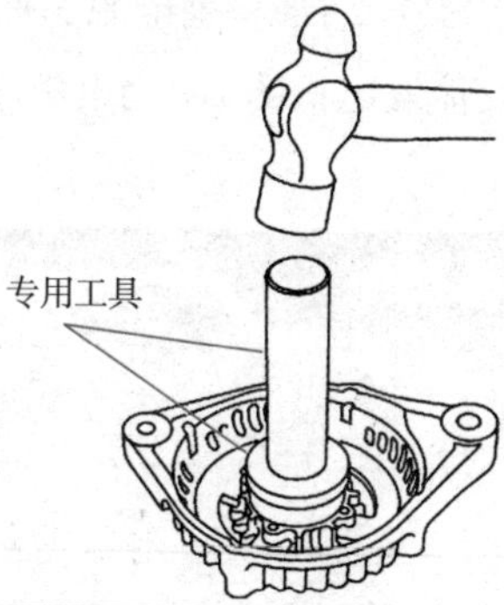

续表

项目	图解
第十步	⑫ 使用游标卡尺 B 测量两个电刷 A 的长度；如果任一电刷长度小于使用极限，则更换电刷架总成；如果电刷长度正常，转至步骤 ⑬ 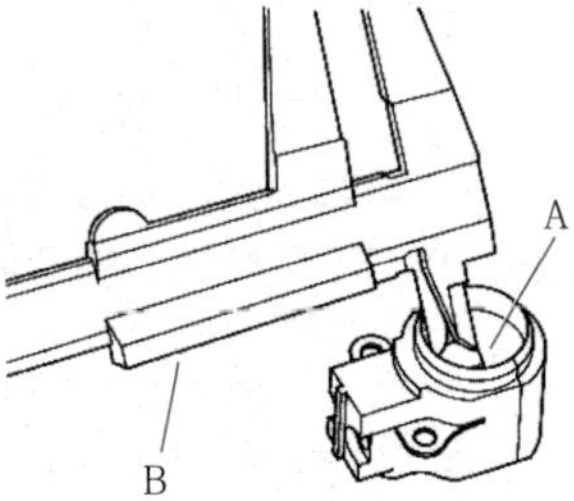
第十一步	⑬ 检查滑环之间 A 是否导通；如果导通，转至步骤 ⑭。如果不导通，更换转子总成 ⑭ 检查每个滑环与转子 B 和转子轴 C 之间是否导通；如果不导通，更换后壳体总成；如果导通，更换转子总成 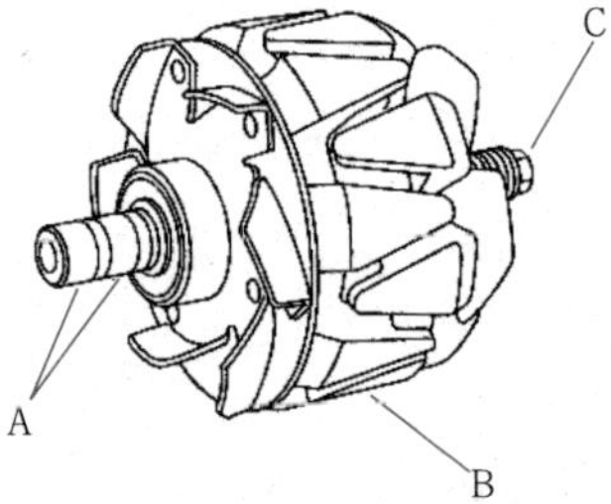

三、发电机（充电系统）电路

以桑塔纳某车型电源、启动和点火电路为例介绍充电系统电路，其中交流发电机的 B+ 为电压输出端，D+ 为充电指示灯控制端。

维修图解

如图 5-15 所示，发电机工作电路：蓄电池 A 正极端子→中央线路板单端子插座 P 端子→中央线路板内部线路→中央线路板单端子插座 P 端子→点火开关 30 端子→点火开关 D→点火开关 15 端子→组合仪表盘下方 26 端子连接器的 11 端子→两只并联电阻和充电指示灯 K2→组合仪表盘下方 26 端子连接器的 26 端子→中央线路板 A16 端子→中央线路板内部线路→中央线路板 D4 端子→单端子连接器 T_{ld}→交流发电机 D 端子→交流发电机 C 磁场绕组→电子调节器功率管→电路代号 3 搭铁→蓄电池负极。

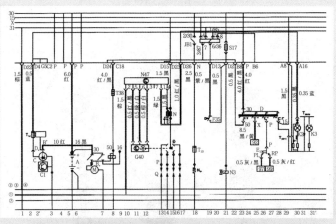

图 5-15 桑塔纳某车型电源、启动和点火电路的电路图

四、启动机主要零部件

如图 5-16 所示,启动机由直流电动机、传动机构、控制装置(电磁开关)组成。电磁开关,通常被维修工称为吸力包,它可以单独更换。其他零部件视情况进行维修或者整体更换总成。启动机拆解零部件见图 5-17。

图 5-16 启动机组成

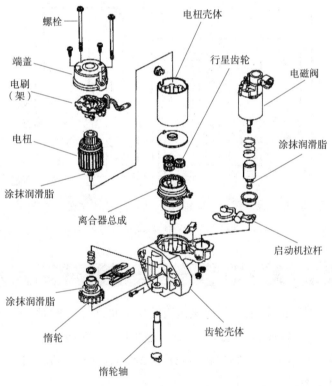

图 5-17 启动机拆解零部件

五、启动机的拆解和维修

拆解和维修启动机的步骤见表 5-4。

表 5-4 拆解和维修启动机

项目	图解	
操作和检查	拆解和维修事项	图示/示意图
电刷架拆卸	① 拆下启动机	
	② 将电动机电缆从 M 端子上断开,并拆下端盖	
	③ 在电枢上放置一个外径为 29.4mm 的塑料管	
	④ 固定塑料管,将电刷架 A 移到塑料管 B 上,使电刷不从电刷架脱落	
电枢的检查与测试	⑤ 通过接触永久磁铁检查电枢是否磨损或损坏;如有磨损或损坏,则更换电枢	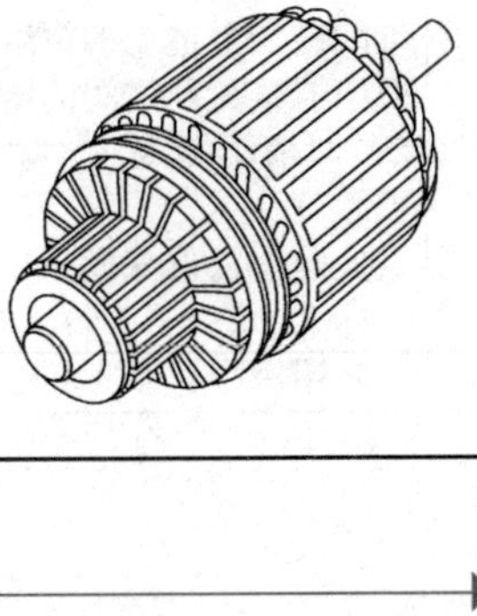

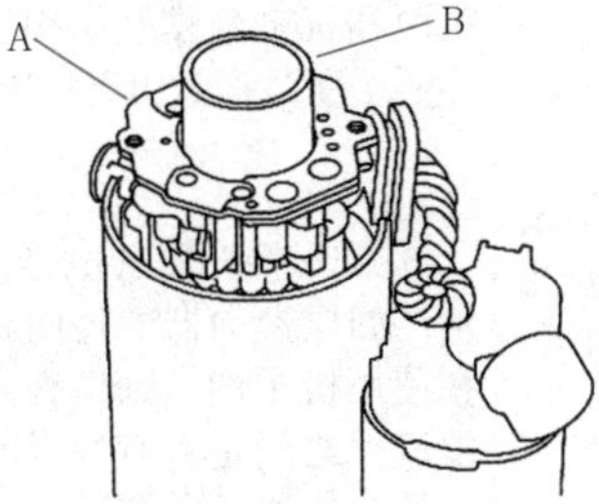

续表

项目	图解
电枢的检查与测试	⑥检查换向器 A 表面；如果表面污脏或烧蚀，则按步骤⑧中的规格用金刚砂布或车床重新修整表面，或者用 #500 或 #600 的砂纸 B 重新修复
	⑦检查换向器直径；如果测得直径在使用极限以下，则更换电枢；查找该维修手册启动机电枢标准数据及磨损极限，参照手册数据做出更换决定
	⑧测量换向器 A 的径向跳动量；如果换向器的径向跳动量在使用极限内，则检查换向器整流片之间是否有炭屑或黄铜碎片；如果换向器径向跳动量不在使用极限内，则更换电枢 换向器径向跳动量 标准（新）：最大 0.03mm 使用极限：0.06mm
	⑨检查云母深度 A；如果云母过高 B，则用钢锯条将云母凹槽切至适当的深度，切除换向器整流片之间的所有云母 C；凹槽不能太浅、太窄或呈 V 形 D 换向器云母深度 标准（新）：0.50～0.90mm 使用极限：0.20mm

续表

项目	图解
电枢的检查与测试	⑩ 检查换向器整流片之间是否导通；如果任何整流片之间有断路，则更换电枢 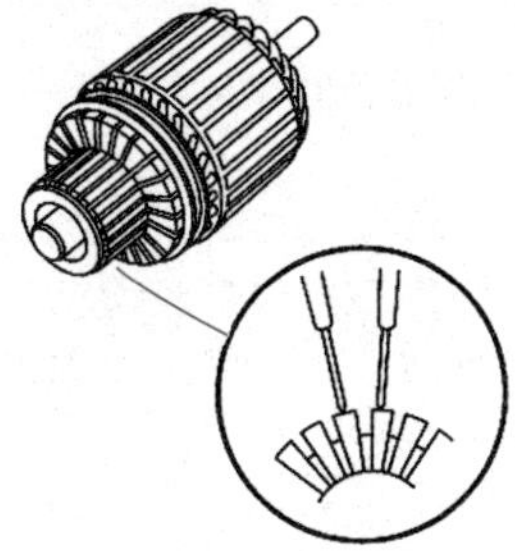
	⑪ 将电枢 A 放在一个电枢测试器 B 上，将钢锯条 C 放在电枢芯上；当电枢芯转动时，如果锯条被吸引或振动，则电枢短路，应更换电枢 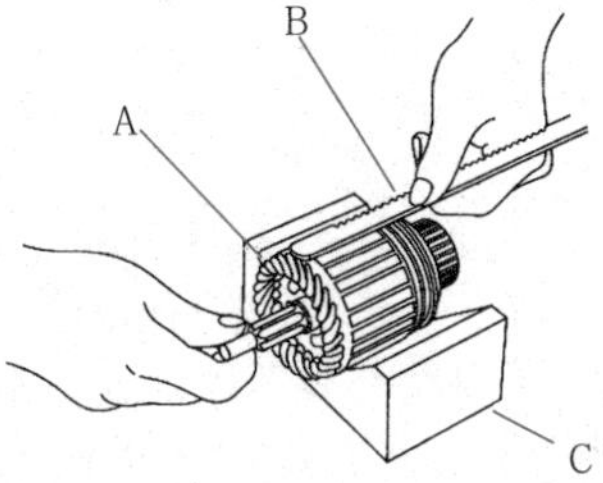
	⑫ 使用欧姆表检查换向器 A 与电枢线圈芯 B 之间以及换向器与电枢轴 C 之间是否导通；如果导通，则更换电枢 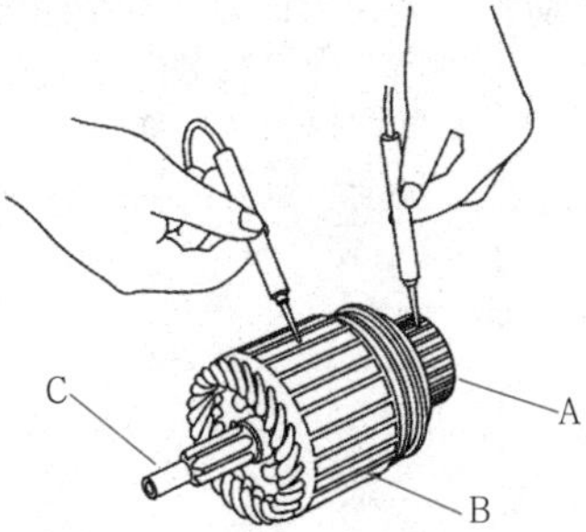
启动机电刷的检查/电刷架的测试	⑬ 测量电刷的长度；如果比使用极限短，则更换电刷架总成 电刷长度 标准（新）：15.0～16.0mm 使用极限：9.0 mm 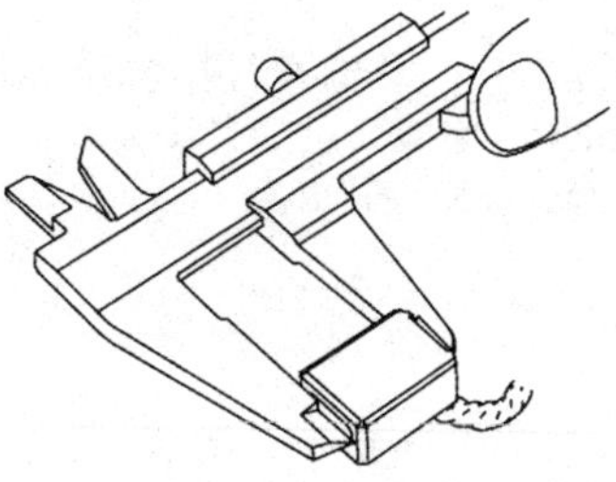

续表

项目	图解
启动机电刷的检查/电刷架的测试	⑭ 检查(+)电刷A和(-)电刷B之间是否导通；如果导通，则更换电刷架总成 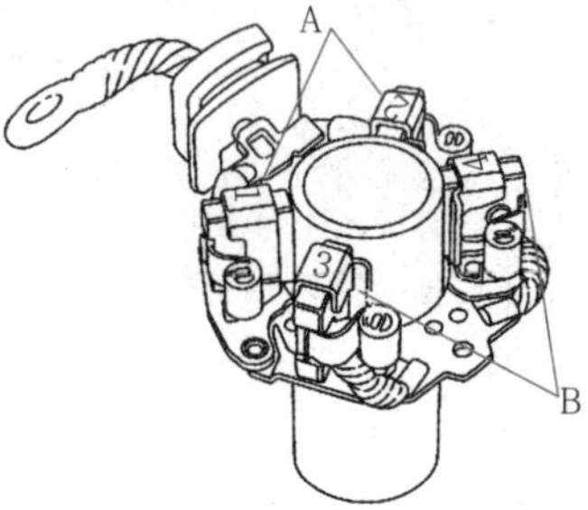
电刷弹簧检查	⑮ 将电刷A插入电刷架内，并使电刷与换向器接触，然后将弹簧秤B放在弹簧C上，当弹簧提起电刷时测量弹簧拉力；如果不在标准范围内，则更换电刷架总成 弹簧拉力 标准（新）：22.3～27.3N 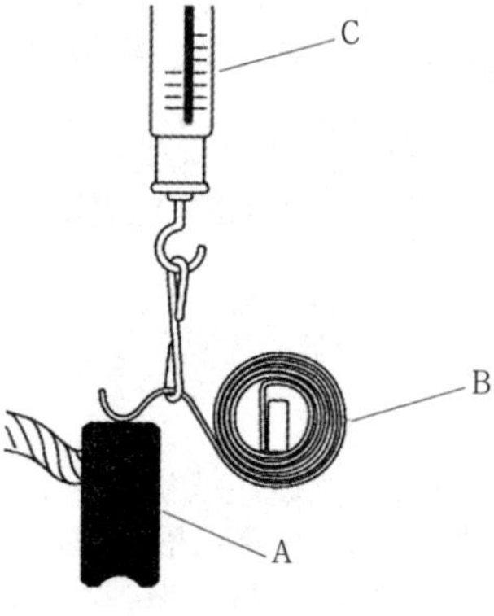
行星齿轮的检查	⑯ 检查行星齿轮A和内齿圈B；如果磨损或损坏，则将其更换 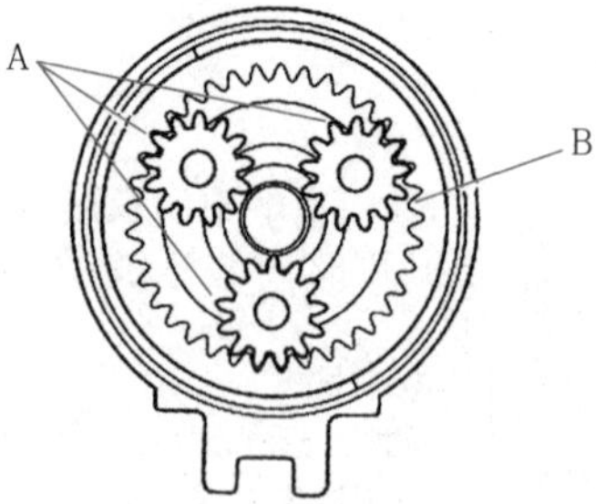

续表

项目	图解
离合器检查	⑰沿轴滑动超越离合器A；如果不能平稳地滑动，则将其更换
	⑱固定主动齿轮B，按图示方向转动超越离合器，确保其自由转动，同时确保超越离合器在相反方向锁止；如果不能锁止，则更换超越离合器总成
	⑲如果启动机主动齿轮磨损或损坏，则更换超越离合器总成，齿轮不能单独更换；检查变矩器齿圈情况，如果启动机主动齿轮轮齿损坏，则将其更换
启动机重新组装	⑳用螺丝刀撬起每个电刷弹簧后，将电刷置于电刷架外的中间位置，松开弹簧使其保持在此处 注意：为了放置新的电刷，在换向器与每个电刷之间滑入一条#500或#600砂纸，砂面朝上，然后平稳地转动电枢，电刷的接触面将被打磨成与换向器相同的轮廓
	㉑将塑料管安装至电刷架总成内 ㉒通过将槽点C对准凸出部位D，安装电枢壳体A和电枢B

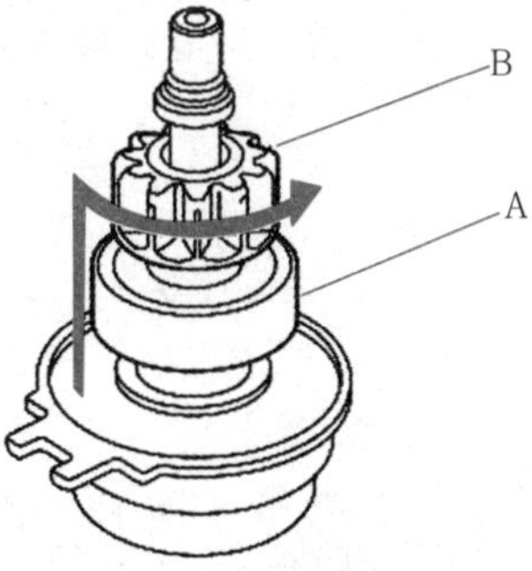

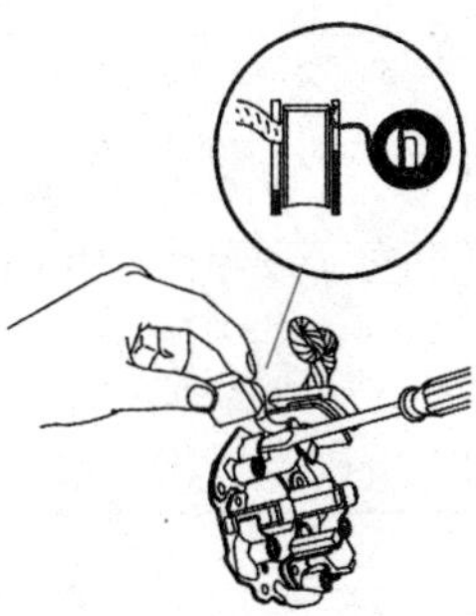

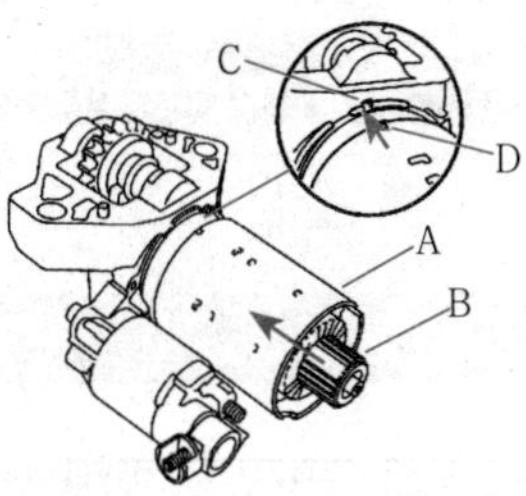

续表

项目	图解
启动机重新组装	㉓ 将电刷架总成放到电枢上，然后将电刷架 A 向下移到电枢上 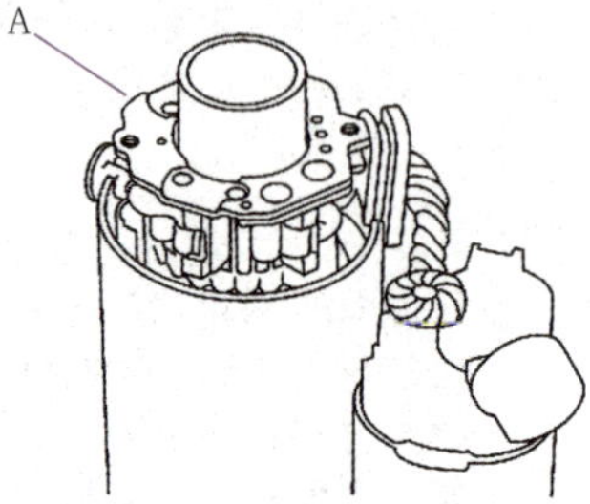
	㉔ 将每个电刷推下直至坐在换向器上，然后松开弹簧顶住电刷末端 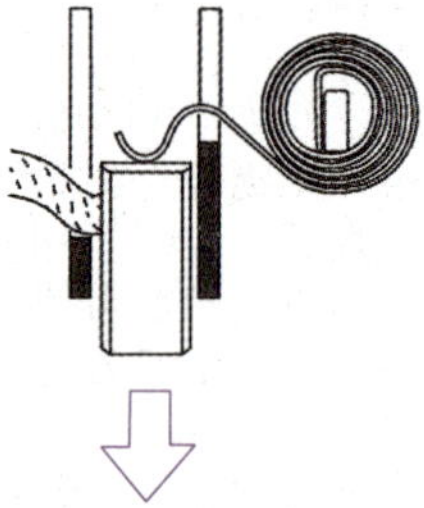
	㉕ 安装端盖以固定电刷架 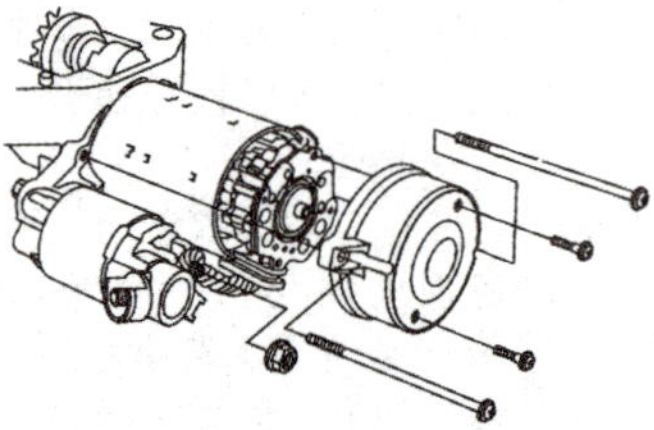

六、启动机的检测

1 启动接触不良测试

（1）将电压表正极引线连接至蓄电池正极接线柱。

（2）将负极引线连接电磁开关 M 端子。

（3）记录启动期间显示的电压。

（4）对电磁开关端子 50、电缆的蓄电池正极压接端子和蓄电池正极端子连接器重复本程序。

（5）修复所有电阻（电压读数）过大的接头。

2 启动电压测试

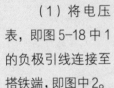

（1）将电压表，即图 5-18 中 1 的负极引线连接至搭铁端，即图中 2。

（2）将正极引线连接至电磁开关端子 30，即图中 3。

（3）启动发动机。

（4）记录启动期间显示的电压。

（5）如果电压低于规格且启动性能差，则拆卸并修理启动电机。

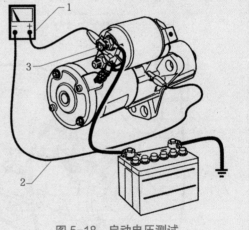

图 5-18 启动电压测试

3 启动机接地测试

维修图解

（1）将电压表正极引线1连接至蓄电池负极接线柱上（图5-19）。

（2）将电压表负极引线2连接至启动电机壳体上（图5-19）。

（3）记录启动期间显示的电压。

（4）对电缆的蓄电池负极压接端子和蓄电池负极端子连接器重复本程序。

（5）修复所有电阻过大的接头。

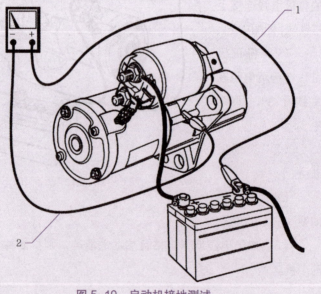

图 5-19 启动机接地测试

4 开关电路测试

维修图解

（1）将电压表负极引线1连接至电磁开关端子50（图5-20）。

（2）将正极引线2连接至蓄电池正极接线柱上（图5-20）。

（3）启动发动机。

（4）记录启动期间显示的电压。

（5）如果电压高于规定值，测试电磁开关电路（开关电路最大电压差2.5V），找出电阻过大的根源并修复接头。

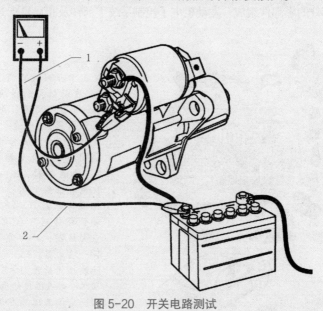

图 5-20　开关电路测试

第三节 发动机燃油和排放控制系统维修

一、发动机电子控制系统零部件

发动机电子控制系统也称发动机管理系统，通常被修理工俗称的电控发动机或者电喷发动机都是讲的一回事儿。发动机电子控制系统由控制单元（ECU）或者称为发动机控制模块（ECM）、传感器和执行器这3个部分的零部件组成。发动机电子控制系统零部件及布局见图5-21。

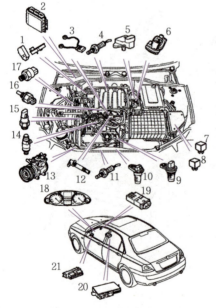

1—可变进气阀（VIS）；2—发动机控制模块（ECM）；3—爆震传感器；4，11—热氧传感器；5—进气温度/进气歧管绝对压力传感器（IAT/MAP）；6—电子控制节气门；7—主继电器；8—空调压缩机离合器继电器；9—凸轮轴位置传感器（CMP）；10—曲轴位置传感器（CKP）；12—点火线圈；13—空调压缩机；14—喷油器；15—动力转向系统液压传感器（PAS）；16—发动机冷却液温度传感器（ECT）；17—空调三级压力开关；18—组合仪表；19—空调开关；20—诊断连接器；21—车身控制单元

图5-21 发动机电子控制系统零部件及布局

二、冷却液温度传感器诊断与更换

1 冷却液温度传感器（ECT）故障解释

发动机冷却液温度传感器位于发动机右侧，其作用是向发动机控制模块（ECU）输入发动机冷却液的温度，也就是发动机的温度。ECU利用接收的信息改变点火提前角，并根据发动机温度改变燃油喷射量。

案例图解

例如，某捷达轿车发动机怠速高，且不稳定。

（1）用故障诊断仪检测，显示无故障记录。

（2）分析数据流，发现热车后冷却液温度仍然在40℃左右，而此时冷却液温度指示表已经在90℃，说明冷却液传感器传递信号有误，系冷却液温度传感器工作不良。

（3）原因：这是因为冷却液温度传感器损坏后，虽然发动机已经热车，但仍然给发动机控制单元冷车信号，发动机控制单元认为发动机还处于冷车状态，便控制发动机以高怠速运转，指针指示高。

（4）更换冷却液温度传感器（图5-22）。

图 5-22 冷却液温度传感器（捷达）

2 冷却液温度传感器的更换

（1）拆卸事项见维修图解。

维修图解

（1）笔者建议拆卸传感器时断开蓄电池负极。

（2）从冷却液温度传感器（ECT）上断开连接器的连接。

（3）把容器固定好以收集冷却液的溢出物。

（4）取下冷却液温度传感器（ECT），见图5-23。

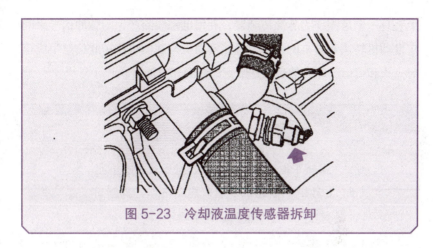

图 5-23 冷却液温度传感器拆卸

（2）安装事项如下。

1）清洁冷却液温度传感器（ECT）的螺纹并给传感器的螺纹涂上螺纹密封剂（一般可使用 Loctite 577 胶）。

2）装上冷却液温度传感器（ECT）并拧紧至 15N·m。

3）把连接器装到冷却液温度传感器（ECT）上。

4）连上蓄电池的接地端。

5）添补冷却液。

 三、曲轴位置传感器诊断与更换

1 曲轴位置传感器（CKP）故障解释

曲轴位置传感器是测量发动机转速的，发动机转速是计算空燃混合气和进行点火调节的主要控制参数。

曲轴位置传感器一般安装在离合器壳体上（变速器前端），飞轮

上装有一个齿圈作为脉冲传感器，利用电磁线圈产生的脉冲信号来确定发动机转速和各缸的工作位置。发动机控制模块使用此信息生成正时点火和喷射脉冲，然后发送给点火线圈和喷油器。

案例图解

例如，某轿车发动机不能着车，且无着车的征兆。

（1）发动机不能着车也没有启动征兆，判断可能是某些原因导致没有点火高压电或喷油器不喷油。

（2）连接示波器，启动发动机，没有出现正常的喷油脉冲波形，没有正常的点火控制信号波形。

（3）导致无点火控制信号和喷油控制信号的主要原因之一是曲轴位置传感器信号不良。该发动机的曲轴位置传感器装在曲轴飞轮壳上。

（4）用万用表测量曲轴位置传感器线圈的电阻值，结果只有20Ω，与正常的数百欧姆差距甚远，说明曲轴位置传感器失效。

（5）故障原因确定为曲轴位置传感器故障，更换该传感器。曲轴位置传感器如图5-24所示。

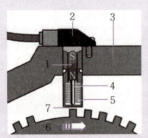 

图5-24 曲轴位置传感器

1—永久磁铁；2—传感器壳体；3—发动机（变速器）壳体；4—软铁芯；5—线圈；6—齿隙（基准标记）；7—间歇

2 曲轴位置传感器的更换

（1）拆卸事项见维修图解。

维修图解

（1）笔者建议拆卸传感器时断开蓄电池负极。

（2）有些车型需要拆下空气滤清器。

（3）断开曲轴位置传感器（CKP）的连接，从安装支架上松开连接器。

（4）拧下把曲轴位置传感器（CKP）固定到变速器壳体的螺栓并拿开传感器（图5-25）。

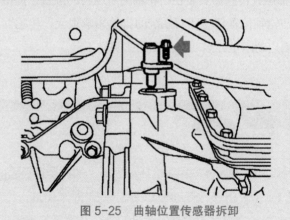

图 5-25　曲轴位置传感器拆卸

（2）安装事项如下。

1）清洁曲轴位置传感器（CKP）和结合面。

2）固定曲轴位置传感器（CKP），装上螺栓并拧紧至 9N·m。

3）装上底部导流板总成。

4）把曲轴位置传感器（CKP）的连接器固定到安装支架上，连接连接器。

5）装上空气滤清器。

6）连上蓄电池的接地端。

四、凸轮轴位置传感器（CMP）诊断与更换

1 凸轮轴位置传感器（CMP）故障解释

凸轮轴位置传感器安装在凸轮轴同步运转的位置，提供凸轮轴位置信息。凸轮轴位置传感器对系统的排放影响很大，传感器出现问题的时候车辆启动困难，启动会出现加速明显不良。

案例图解

例如，某捷达轿车发动机启动困难，加速严重迟缓。

（1）首先连接故障诊断仪 VAS 5051 对车辆进行检测，显示故障"凸轮轴位置传感器、发动机转速传感器布置错误"。

（2）根据故障码提示，可判断为发动机转速传感器与凸轮轴位置传感器位置关系错误，问题出在凸轮轴，需要更换凸轮轴位置传感器，排除故障。

凸轮轴位置传感器如图 5-26 所示。

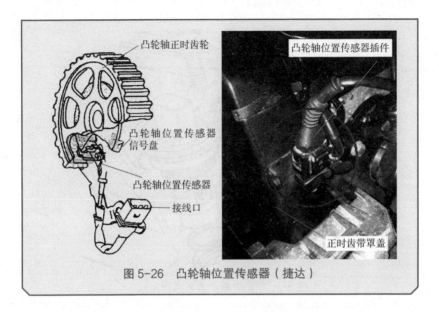

图 5-26 凸轮轴位置传感器（捷达）

2 曲轴位置传感器的更换

（1）拆卸事项见维修图解。

维修图解

（1）笔者建议拆卸传感器时断开蓄电池负极。

（2）从支架上松开凸轮轴位置传感器（CMP）连接器，并断开连接器的连接。

（3）从卡扣上松开凸轮轴位置传感器（CMP）线束。

（4）拧下固定凸轮轴位置传感器（CMP）的螺栓并取下传感器（图 5-27）。

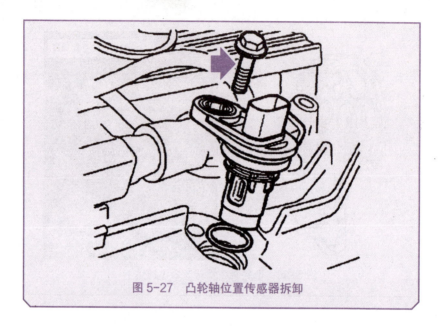

图 5-27 凸轮轴位置传感器拆卸

（2）安装事项如下。

1）清洁凸轮轴位置传感器（CMP）传感器和接合面。

2）固定凸轮轴位置传感器（CMP），装上螺栓并拧紧至10N·m。

3）连接凸轮轴位置传感器（CMP）连接器并固定在支架上。

4）连上蓄电池的接地端。

五、进气压力传感器（MAP）诊断与更换

1 进气压力（MAP）传感器故障解释

（1）进气歧管压力传感器是集信号传感和信号放大于一体的部件，安装在进气歧管上（有的与空气流量计一体，安装在空气滤清器

壳体上），它是由压力转换元件和把压力转换元件输出信号进行放大的集成电路组成的。

（2）进气压力传感器故障和真空泄漏一样，发动机不能得到正常操作所需的燃油量。

（3）发动机 ECU 使用进气歧管绝对压力传感器来确定大气压力。发动机 ECU 在燃油控制中使用大气压力来补偿海拔高度差异。

（4）进气压力（MAP）传感器响应歧管内的真空变化。发动机 ECU 以信号电压的方式接收此变化信息，该信号电压将从怠速情况下节气门关闭时的 1~1.5V 变化至节气门全开时的 4.5~5V。

案例图解

例如，某捷达轿车发动机启动困难，加速严重迟缓。

（1）分析其原因主要有以下几点。

1）点火能量过弱，点火线圈、高压线、火花塞性能衰退，使高压火花弱。（本案例中已排除）

2）水温传感器、进气温度传感器、氧传感器故障。（本案例中已排除）

3）喷油器滴漏或喷油量过大。（本案例中已排除）

4）进气压力传感器失效。

（2）拔下进气歧管上的真空管，感觉真空管有吸力，改变节气门的开度，真空度有变化，这说明真空管无破损处。将进气压力传感器（图 5-28）上插件拔下，加速时观察排气管冒烟情况有无变化，如果与未断开传感器前的情况一样，这说明进气压力传感器失效。

(3)更换新件之后，排气管不再冒黑烟，发动机运转正常。

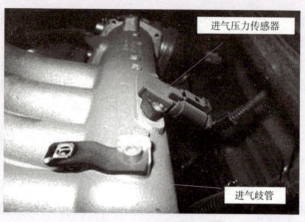

图 5-28　进气压力传感器

2 进气压力传感器的更换

（1）拆卸事项见维修图解。

维修图解

（1）断开蓄电池的接地端。

（2）从进气压力(MAP)传感器上断开连接器的连接。

（3）分别拧下把进气压力(MAP)传感器固定到进气歧管和节气门进气管上的Torx 螺钉。

（4）从进气歧管和节气门进气管上拿开MAP传感器（图5-29）。

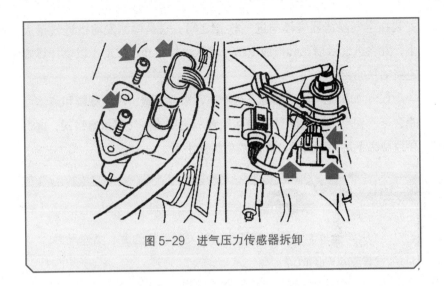

图 5-29 进气压力传感器拆卸

(2)安装事项如下。

1)清洁进气压力(MAP)传感器和进气歧管以及和节气门进气管的接合面。

2)分别把进气压力(MAP)传感器装到进气歧管和节气门进气管上,拧紧 Torx 螺钉至 4N·m。

3)连接进气压力(MAP)传感器连接器。

4)连上蓄电池的接地端。

六、空气流量计诊断与更换

1 空气流量计故障解释

(1)大众车系使用的空气流量计属 "L" 形热膜式空气流量计,

安装在空气滤清器壳体与进气软管之间。它是检测发动机进气量大小，并将进气量信息转换成电信号输入电控单元（ECU）以供计算确定喷油量的元件。

（2）如果空气滤清器滤芯被严重污染或渗透，污物颗粒和液体可能会进入到空气质量流量计中并导致所测量的空气质量值错误，这将导致功率不足，因为所计算的喷射量变小了。

案例图解

例如，某大众轿车有怠速发颤发抖、耗油大、高速无力、排气管放黑烟的故障。

（1）经过故障诊断仪检测，发现空气流量计故障。

（2）原因：一般是劣质空气滤清器或空气滤清器没有定期更换而导致灰尘停留在空气流量计热丝上，时间过长导致其电阻值变化不准或失效，而且灰尘易导致节气门阀体过脏。

（3）更换空气流量计，清洗节气门。

空气流量计见表5-30。

图5-30　空气流量计

1—线束插座；2—混合电路盒；3—温度补偿电阻；4—外壳；5—金属滤网；6—导流格栅

2 空气流量计的更换

(1)拆卸事项见维修图解。

维修图解

(1)将电器插头连接从空气质量流量计 G70 上脱开。

(2)将两个螺栓从空气质量流量计 3 上旋出,并将空气质量流量计 3 小心地从空气滤清器罩的导向件上取出(图5-31)。

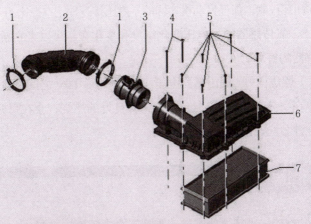

图 5-31 空气流量计拆卸

1—卡箍;2—进气软管;3—空气流量计;4,5—螺钉;6—空气滤清器罩;7—空气滤清器

(2)安装事项如下。

1)检查空气质量流量计和进气软管上是否有残留物、污物和树叶。

2)检查连通至空气滤清器滤芯的进气通道上是否有污物。

3)按拆卸的相反顺序安装。

七、氧传感器诊断与更换

1 氧传感器故障解释

（1）氧传感器安装在三元催化器转换器上。根据氧传感器的电压信号，发动机 ECU 按照尽可能接近 14.7：1 的理论最佳空燃比来稀释或加浓混合气。因此氧传感器是电子控制燃油计量的关键传感器。

（2）氧传感器是提供混合器浓度信息，用于修正喷油量，实现对空燃比的闭环控制，保证发动机实际的空燃比接近理论空燃比的主要元件。

（3）氧传感器通过电压变化幅度和变化频率可以来判断空燃比和氧传感器的好坏。

1）燃烧良好　氧传感器电压应该在 0.4～0.6V 之间变化，变化频率应该在每分钟 10 次以上，一般这样良好的燃烧，会在每分钟 10 次至每分钟 20 次。

案例图解

例如，某捷达轿车怠速不稳定，排气管放黑烟。

（1）执行故障诊断仪检测，发现有故障码"00525,即氧传感器无信号"。

（2）读取数据流，发现氧传感器电压在 0.45V 处不变化。这样电压没有变化，说明氧传感器信号中断，就直接可以判断氧传感器损坏。

（3）更换氧传感器（图 5-32），排除故障。

第五章 深度的入门维修

图 5-32　氧传感器

2）瞬间混合气过浓或过稀　氧传感器电压在 0.1～0.9V 之间变化，这时变化频率只有每分钟 6 次至每分钟 8 次，氧传感器有可能不灵敏，或者可能是喷油器泄油或者喷油器堵塞，所以发动机 ECU 就对喷油量调节幅度增大。

（4）氧传感器失效影响：怠速不稳，耗量过大。氧传感器损坏明显导致发动机动力不足，加速迟缓，排气冒黑烟。

2 氧传感器的更换

拆卸氧传感器通常要使用专用套筒扳手。

（1）拆卸事项见维修图解。

维修图解

（1）笔者建议拆卸传感器时候断开蓄电池负极。
（2）松开并断开热氧传感器连接器的连接。
（3）用专用套筒扳手从前排气管上取下热氧传感器（图 5-33）。

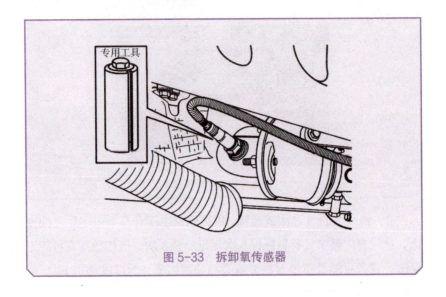

图 5-33 拆卸氧传感器

（2）安装事项如下。

1）清洁热氧传感器和前排气管的接合面。

2）给氧传感器抹上密封脂后，用专用工具装上热氧传感器并拧紧至 55N·m。

3）连接热氧传感器的连接器。

4）连上蓄电池的接地端。

八、节气门诊断与清洗

1 节气门故障解释

节气门安装在进气歧管上，是用于控制进入汽缸的空气流量并且产生负压的机构，行车中节气门便会变脏，从而使得车辆怠速不稳，加速不良，冬天严重时候会使发动机启动困难。节气门有电子节气门和机械式节气门。

维修图解

机械拉线式节气门如图5-34所示。

节气门用拉索和位于车辆内部的加速器踏板协同操作，来调节吸入汽缸中的空气燃油混合气容积。当加速器踏板被踩下时，节气门开启，吸入大量的空气和燃油，使发动机输出功率增加。同时还配备ISCV（怠速控制阀）以便在发动机冷态或怠速期间调节空气量。

机械式节气门定位系统　　机械式（拉线）节气门

图5-34　机械拉线式节气门

维修图解

电子节气门如图5-35所示。

电控节气阀体总成的节气门开度大小由ECM根据驾驶人员控制的节气门踏板控制输入信号以及其他各种传感器的输入信

号，计算出车辆在该时刻和该状态下所需要的发动机输出功率并据此控制发动机的燃料供给（喷射）量，根据反馈信号修正控制参数，保证发动机在最佳控制状态下工作。

电子节气门定位系统

图5-35 电子节气门

案例图解

例如，某宝来轿车怠速不稳，转速表指针摆动。

（1）发动机怠速运转时在650～850r/min之间，波动幅度较大时，转速表指针同时摆动。

（2）执行故障诊断仪检测，空气流量信号波动频繁，同时节气门变化很大。

（3）该故障为节气门过脏所导致。

（4）清洗节气门（图5-36），发动机怠速稳定。再次执行故障诊断仪检测，数据流正常。

图 5-36 清洗节气门

2 节气门的拆装

（1）拆卸事项见维修图解。

维修图解

（1）拆下空气滤清器，拆下与节气门相连的水管和空气管路。

（2）拆下节气门与进气歧管上安装的4个螺栓（图5-37）。注意，切勿使用开口扳手拆卸，视情况可使用小套头或者眼镜扳手拆卸。

图5-37 拆卸节气门

(2)安装事项如下。

1)注意节气门与进气歧管之间的密封垫,如有必要时应更换。

2)清洗或者更换新的节气门,按照拆卸时候的位置安装。

3)安装好所有与节气门连接的水管和空气管路,安装空气滤清器。

九、爆震传感器诊断与更换

1 爆震传感器故障解释

(1)爆震传感器安装在发动机汽缸体上,用来检测发动机爆震,并在出现爆震时延迟点火正时,一旦出现爆震,传感器内部的质量块随汽缸振动压缩压电晶体元件进而产生电压,该信号发送至发动机ECU,ECU随即延迟正时。

(2)爆震传感器是提供爆震信息,用于修正点火正时,实现爆震闭环控制的元件。

（3）爆震传感器失效影响：当爆震将要发生前无法提供爆震信息，发动机 ECU 收不到信号"峰值"，不能减小点火提前角，从而发生爆震。

（4）系统通过爆震控制来防止由于早燃而导致的可能的发动机损坏。这是通过将由汽缸传过来的爆震噪声转换成能被 ECU 处理的适合的电路信号的方式完成的。如果在进气门或排气门上积有积炭，则能导致早燃的发生。积炭能使空气及燃油混合物过早点燃，导致早燃或"爆震"。产生发动机爆震的主要因素是燃油质量。

案例图解

例如，某捷达轿车，在高速时候加速无力。

（1）执行故障诊断仪检测，显示故障码 16712，即爆震传感器 1(G61) 故障（电路高电平输入）。

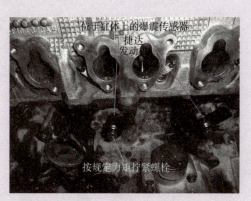

图 5-38 爆震传感器（捷达）

（2）检测正常加速，发现电压值超过 1V，相应点火提前角也推迟 10°。

（3）检查爆震传感器安装力矩正常，为 20N·m。

（4）确定爆震传感器本身失效。

（5）更换爆震传感器 1（G61），排除故障（图 5-38）。

2 爆震传感器的拆装

（1）拆卸事项如下。

1）从爆震传感器上断开连接器的连接。

2）注意每个爆震传感器线束的路径。

3）拆下把每个爆震传感器固定到缸体上的螺栓并拿开传感器。

（2）安装事项见维修图解。

维修图解

安装爆震传感器时（图5-39和图5-40），一定要按照规定力矩标准拧紧螺栓，否则有可能使得发动机电控单元采集不到爆震传感器信号而导致发动机加油迟缓等故障。

1）清洁爆震传感器和缸体的接合面。

2）装上爆震传感器，确保线束是正确布置的，装上并拧紧螺栓至规定力矩。

3）连接爆震传感器连接器。

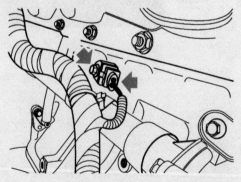

图5-39　安装爆震传感器（直列4缸发动机）

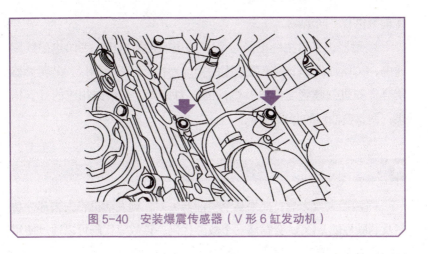

图 5-40　安装爆震传感器（V 形 6 缸发动机）

十、喷油器诊断与更换

1 喷油器具体安装细节

　　喷油器直接连接在燃油轨下方并与进气歧管相连。喷射器与油轨之间以一个 O 形圈密封，与进气歧管之间以两个 O 形圈密封。喷射器包含一个舵栓形阀针及座，以及一个用于克服回位弹簧开启阀针的电磁绕组。燃油从喷嘴的两个针孔喷入歧管并进入汽缸盖上的进气管道中。

2 喷油器诊断依据

　　喷射器在发动机的每个循环内的吸气冲程过程中开启，喷射一次燃油，电磁绕组在温度 20℃时的电阻阻值为 13～16Ω。喷射器的额定工作压力为 3.5bar（1bar=100000Pa，一般会在这个压力附近，但具体车型也有不同)。

喷射器由来自主继电器的 12V 的电源供给电压。为给电磁线圈通电，ECU 提供一个到电磁线圈的接地连接。ECU 利用 MAP 传感器信号计算进气歧管之间以及燃油的压力差异，并根据相应的计算结果，调整喷油器的开启时间。

3 喷油器故障解释

喷油器失效影响：如果某个喷油器失效，则发动机将失去部分功率及驾驶性能。ECU 会存储一个故障代码，该故障代码可以通过使用故障诊断仪读取。

案例图解

例如，某轿车，热车启动困难，反复启动几次才能成功。

（1）故障诊断仪检测，未发现故障码。测量燃油压力正常。

（2）在故障发生时，加速踏板踩到底则能启动车辆，这样就可以判断很可能是混合气过浓所导致的故障。

（3）拆下进气歧管，发现 4 缸内壁有汽油淹湿情况。

（4）更换 4 缸喷油器，排除故障。

喷油器如图 5-41 所示。

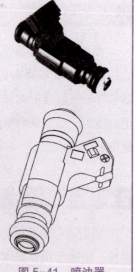

图 5-41　喷油器

十一、点火线圈诊断与更换

电控发动机中,点火线圈也称点火模块,一般有无分电器双缸点火线圈和独立点火线圈之分。

1 无分电器双缸点火线圈

无分电器双缸同时点火的二极管分配式点火线圈(图5-42),从外观看就是一个整体式线圈(图5-43)。内部初级绕组由两个晶体管分别控制搭铁,共用一根电源线;2组初级线圈共用1个次级绕组线圈,即1个线圈通过4个二极管控制4个火花塞,利用二极管的单向导电作用来分配高压火。

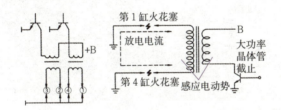

图 5-42　无分电器双缸点火线圈示意图

图 5-43　双缸点火线圈实物图(捷达)

2 独立点火线圈

维修图解

例如，宝来 1.8T 轿车点火系统装备独立式点火线圈，即点火线圈和输出放大器集成在一个部件上（图 5-44），每缸分配一个点火线圈，安装于各缸火花塞上方。

图 5-44 独立点火线圈

3 点火线圈故障解释

（1）如果一个点火线圈失效，那么就只在一个缸上发生失火现象，并存有故障记忆；如果在多个汽缸内检测出失火现象时，那么这种失火故障记忆也可能是由其他原因引起的。

（2）失火由许多原因造成，独立点火线圈的失效是其中的主要原因之一。点火线圈的失效多是由于次级线圈绝缘层被击穿，致使次级线圈匝间、层间与极间出现短路，导致点火能量下降或根本没有输出，从而发生相应缸工作不良或不工作，使发动机产生抖动现象。

（3）点火线圈存在故障会致使火花能量下降或失火，引起发动机各汽缸工作不平衡，导致发动机怠速不稳。

案例图解

例如，某宝来1.8T车辆，怠速不稳，开空调时发动机抖动严重。

（1）执行故障诊断仪检测，发现发动机控制单元存储故障码"1缸燃烧中断"，发动机怠速时读取数据流，1缸断火次数达到几十次。

（2）根据检测可以说明1缸点火线圈导致的故障。

（3）更换1缸点火线圈，排除故障。执行故障诊断仪检测，发动机正常。

点火线圈如图5-45所示。

图5-45　点火线圈（宝来1.8T）

4 点火线圈更换

(1)拆卸事项见维修图解。

维修图解

(1)笔者建议拆卸点火线圈时断开蓄电池负极。

(2)取下发动机罩盖。

(3)如图5-46所示,拆下把线圈固定到左凸轮轴盖上的螺栓并拔出线圈。

(4)如图5-47所示,滑开背部的锁止夹,推下卡子,从线圈上断开连接器。

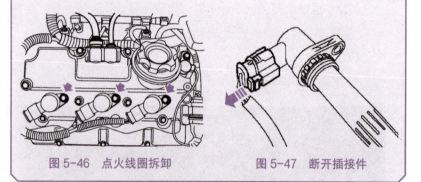

图5-46 点火线圈拆卸　　图5-47 断开插接件

(2)安装事项如下。

1)把连接器连到线圈上并朝前滑开黄色的锁止夹。

2)把点火线圈插入到线圈安装孔中。

3)装上把线圈固定到左凸轮轴盖上的螺栓,并拧紧到10N·m。

4)装上发动机罩盖。

5)连上蓄电池的接地端。

第四节 自动变速器维修

一、自动变速器常见故障特征

（1）当车辆出现在 50km/h 以下加速不良，起步无力，车速上升缓慢时，可能是单向离合器打滑。

（2）汽车启动和中低速行驶正常，但高速不能正常提速。

（3）热机提速后能听到"嗡嗡"的异响声，伴有温度上升的异常，甚至报警。

（4）油泵油封漏油后将无法建立起油泵油压，变速器始终是空挡，汽车无法行驶。

（5）油泵早期磨损，导致离合器和制动器均会发生严重烧蚀。

（6）汽车行驶中突然听到瞬间的剧烈金属撞击声，接着汽车变速器不能正常工作。

在上述情况下需要考虑液压变矩器的维修。

二、液力变矩器维修

液压离合器作用类似于手动变速器中的离合器。利用液力流，把发动机动能传递到变速器的输入轴，具有减速增扭的作用。

维修图解

液力变矩器的作用和结构见图 5-48。

（1）传递转矩　发动机的转矩通过液力变矩器的主动元件，再通过 ATF 传给液力变矩器的从动元件，最后传给变速器。

（2）无级变速　根据工况的不同，液力变矩器可以在一定范围内实现转速和转矩的无级变化。

（3）自动离合　液力变矩器由于采用 ATF 传递动力，当踩下制动踏板时，发动机也不会熄火，此时相当于离合器分离；当抬起制动踏板时，汽车可以起步，此时相当于离合器接合。

（4）驱动油泵　ATF 在工作的时候需要油泵提供一定的压力，而油泵一般是由液力变矩器壳体驱动的。

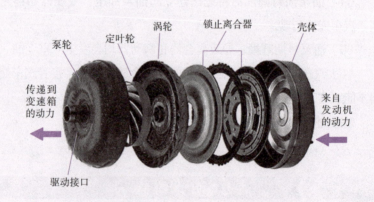

动力传递路径：壳体→泵轮→涡轮→变速箱

图 5-48　液力变矩器

1 液力变矩器故障

（1）漏油。

自动变速器变矩器的漏油问题是比较常见的，变矩器漏油主要是由于变矩器后盖和泵轮接合面、泵轮和轮毂接合处连接螺栓松动或密封垫损坏。

（2）起步加速时发动机熄火。

汽车起步时液力变矩器增大转矩的能力变差，甚至在起步时发动机熄火。出现这类故障要检查变矩器锁止离合器控制系统，锁止离合器电磁阀、液压阀等，从简单的外部元件到最后确定变矩器本身是不是能分离。当然，这些故障都是在排除发动机故障的情况下考虑的。

（3）变矩器异响。

1）变矩器供油压力偏低导致的液体响声，可以通过更换变矩器供油控制滑阀或者液压阀体来解决。

2）变矩器内部元件导致的金属摩擦声音，一般是通过更换变矩器来解决。

（4）汽车中高速行驶时发动机转速偏高，加速无力。

导轮单向离合器打滑或卡死。导轮单向离合器卡死时不会影响汽车的低速增矩功能，但会影响中高速的，中高速行驶时导轮不能自由滑转，从而对泵轮叉施加一个反作用力最终影响发动机的加速，这样就导致汽车中高速行驶时发动机转速偏高，加速无力。

2 液力变矩器的拆卸

维修图解

（1）确保专用夹具安装至已经支撑好的工作台上，这个工作台将用来支撑变速器总成，且不允许倾斜。夹具适配器和发动机台架在修理过程中被用来支撑变速器总成。

（2）仅安装提升辅助把手，直至其停止，但不要紧固，过分紧固支撑辅助把手可能导致变矩器损坏。

（3）不垂直提升变矩器可能损坏变矩器离合器总成内部的变矩器离合器唇形密封件。

液力变矩器的拆卸见图5-49。

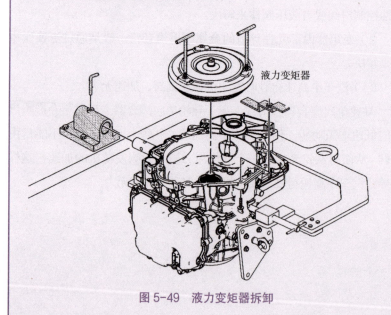

图5-49 液力变矩器拆卸

三、油泵的拆装

1 油泵的拆卸

（1）在拆卸液压泵时应注意，不要损坏油泵的前端盖，不可用旋具在油泵齿轮和油泵壳上做记号。

（2）对于O形圈和密封环等一次性零件，在装配时，要更换新的零件。

（3）在装配O形圈和密封环时，要在新的零件上涂上自动变速器油。

（4）拆卸油泵时，要按照对称交叉的顺序依次松开油泵螺栓；在安装油泵时，也要按照对称交叉的顺序，分两次，依次拧紧液压泵盖螺栓。

（5）油泵安装完成后，要检查液压泵的运行性能。

油泵的分解步骤如下。

（1）拆下油泵后端轴颈上的密封环。

（2）按照对称交叉的顺序依次松开液压泵螺栓，打开油泵。

（3）用油漆在从动轮和主动轮上做一个记号，取出从动轮和主动轮。

（4）拆下油泵前端盖上的油封。

2 油泵的安装

（1）在油泵前端盖上装入新的油封。

（2）更换所有的O形圈，并在新的O形圈上涂自动变速器油。

（3）按分解时相反的顺序组装液压泵各零件。

（4）按照对称交叉的顺序，依次拧紧液压泵盖螺栓，拧紧力矩为

10N·m。

（5）在油泵后端盖轴颈上的密封圈环槽内涂上凡士林，安装新的密封圈。

（6）检查油泵运转性能：将组装后的油泵插入变矩器中，转动油泵，油泵齿轮转动应平顺、无异响。

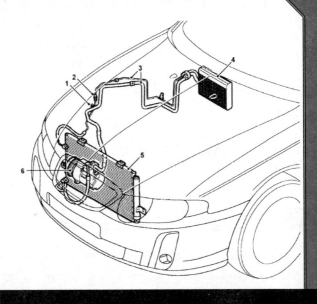

《第六章》
故障的入门排除

CHAPTER 6

第一节 目视和直观检查的故障

一、漏油故障

1 机油泄漏

（1）机油外漏，必要时应紧固螺栓和／或更换衬垫和油封。

（2）机油油位不当或机油尺读数不正确，车辆停放在水平地面时，等待足够长的时间使机油回流并检查机油油位是否正确。

（3）曲轴箱通风系统阻塞或零部件故障，涡轮增压器故障等。

维修图解

如图6-1所示，发动机底板（油底壳）放油螺栓处渗漏润滑油，这种故障要视情况更换油底壳螺栓，如果油底壳上的丝扣损坏则直接更换油底壳。

图6-1 发动机底板螺栓渗漏

如图6-2所示，发动机底板密封垫（俗称油底垫）的密封性能失效导致渗漏润滑油，这种故障要更换密封垫。

图6-2 发动机底板密封垫渗漏

2 发动机机油泄漏的排除 / 措施

（1）密封垫老化，油底壳垫、气门室盖垫、曲轴前后油封、凸轮轴油封等部件出现问题只能更换。在实际维修中多数需密封的部件表面需要涂抹密封胶，其应用方法如下。

1）清除密封胶应用表面和配合面上附着的旧密封胶。从密封胶应用表面、固定螺栓和螺栓孔上彻底清除附着的旧密封胶。

2）擦拭干净密封胶应用表面和配合面，清除附着的水、润滑脂和异物。

（2）每次在机油加油口加机油时注意小心稳当，不要外溢和滴漏。

（3）放机油口的螺栓，每次换完机油锁紧时要切记不能过度用力，尤其是铝制油底壳，用力过度几次后就会导致密封不严，渗漏机油。

（4）机油滤清器座密封不严导致机油渗漏，应更换密封垫圈。

3 发动机冷却液泄漏的排除／措施

(1) 判断方法如下。

1) 目测冷却液壶，低于下限位置时就需要补充防冻液。

2) 仪表盘上的发动机温度指示灯点亮，报警温度升高。例如，捷达电子组合仪表温度指示针在90℃以上，则温度已上升需检查是否有冷却液泄漏。

(2) 原因和处理方法如下。

1) 检查冷却液管路，尤其是散热器上下水管接口处、缸盖上出水法兰及水管接口处、暖风水箱接口处、水温传感器接口处及其他管路接口处。

处理方式：一般在接口处涂抹密封胶重新安装水管和更换卡箍即可解决。

2) 冷却液系统部件损坏，会造成冷却液泄漏和发动机温度过高。一般会出现故障的部件有散热器、暖风水箱、水泵、出水法兰、冷却液罐（盖）。

处理方式：进行损坏部件的更换来解决此问题。散热器视情况可以加以焊补。

4 变速器油液泄漏部位的检查

大多数外部渗漏是可目视的。对于目视比较难发现的渗漏，可用以下方法进行检查。

(1) 将车辆停在大的硬纸板上，等待数分钟后，根据滴在硬纸板上的位置确定大概的滴漏部位。

(2) 仔细检查可疑的渗漏组件和它周围的区域，要特别注意衬垫的表面。在不易观察到的部位，可用一面小镜子协助检查。

（3）如果还不能发现渗漏，可用清洗剂或溶剂将可疑部位彻底清洗然后让汽车以不同的车速行驶几公里再检查可疑渗漏部位。

（4）对于难于发现的外部渗漏，还可以向怀疑漏油的部位喷显像粉，用紫外线灯照射，可将渗漏处显示出来。

5 减振器泄漏

减振器主要用来抑制弹簧吸振后反弹时的振荡及来自路面的冲击。在经过不平路面时，虽然吸振弹簧可以过滤路面的振动，但弹簧自身还会有往复运动，而减振器就是用来抑制这种弹簧跳跃的。减振器如果漏油就失去了这个作用。

维修图解

（1）漏油时的减振器减弱或者根本就不起作用了。目视检查减振器漏油如图6-3和图6-4所示。

（2）减振器在车上并没有起到支撑车身的作用，它仅仅是起到为了避免车身不断上下振动的一个衰减功能。当车辆的减振器漏油后，还是可以正常驾驶的，只是减振器没有阻尼后的直接影响就是舒适性的降低。

（3）如果车速很快，即使是很平稳的公路，一样会引起上下的起伏，从而严重地降低了车辆的稳定性。

（4）如果此时遇到紧急情况，急刹车后，车身的重心前移，压缩了弹簧，由于没有减振器的工作，即使车停住了，车身还是会不断的上下起伏。

（5）如果此时高速转弯，重心向转弯方向的外侧移动，外侧的弹簧会被压缩,回到直线后,也是由于没有减振器的工作,车身还是不断地左右晃动。

(6)一辆重心上下窜动、左右晃动的车辆,在高速行驶时也很危险。因此减振器漏油后要及时更换新的减振器。

图 6-3 前减振器漏油

图 6-4 后减振器漏油

6 空调系统泄漏

空调系统冷媒（134a）泄漏通常由管路中的密封胶圈老化、制冷剂压力异常、系统部件损坏等造成的。泄漏故障修复后，必须补充冷冻机油和将系统内抽真空并充加制冷剂，冷冻机油和制冷剂必须使用品质好的且与车辆要求型号相同的。

发现空调系统管路和部件接口处有油迹时，此处可能为渗漏点。目测检漏简便易行，没有成本，但是有很大缺陷，除非是系统突然断裂的大漏点，并且系统泄漏的是液态有色介质，否则目测检漏是无法定位的，因为通常渗漏的地方非常细小，而且汽车空调本身有很多部位几乎看不到。空调系统的构成如图 6-5 所示。

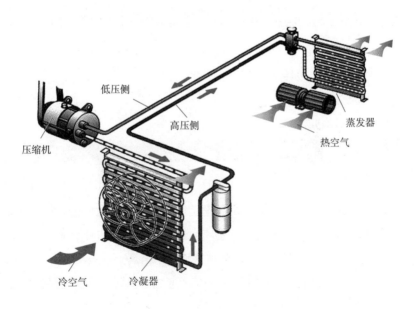

图 6-5 空调系统

二、直观感知的异响故障

1 直观异响诊断特征

（1）根据响声的大小、发出的部位、声响的特征、振动的程度、故障生成的环境和时间特征以及声响变化的规律等因素初步诊断。

（2）观察排气、发动机温度、机油压力的变化及使用中的其他相关情况等作全面分析与推断，在诊断中必要时要借助诊断仪器，使异响的诊断更准确。

2 气门机械异响特征

怠速时，在气门室处发出连续不断的有节奏的"嗒嗒嗒"声，响声清脆有节奏，易区分。若有多只气门脚响，则声音杂乱，且断火试验响声无变化。

3 单一气门挺杆异响

单一挺杆异响是单一液压挺杆工作不良或气门杆弯曲造成的，如果响声过大，还会造成发动机怠速工作时运转不平稳。在诊断这种故障时可采用真空表检查发动机怠速运转时进气系统的真空度和用汽缸压力表检查发动机汽缸压力的方法来诊断。当真空表摆幅大于5kPa或汽缸单缸压力过低或过高时，说明该缸进气挺杆或排气挺杆存在故障。

4 曲轴主轴承异响

（1）故障特征：在汽缸体下部靠近曲轴箱分界面处听见曲轴轴承

响声沉重发闷，发动机一般稳定运转时不响，突然改变转速时，发出沉重连续的"镗镗"的金属敲击声，严重时发动机发生振动；发动机转速越高，响声越大；发动机有负荷时，响声明显。

（2）故障原因如下。

1）主轴承盖螺栓松动。

2）轴承径向间隙大。

3）曲轴润滑不良。

4）曲轴弯曲。

5 轴承异响

（1）故障特征：机油加注口处响声明显，比曲轴轴承响声强，有节奏短促的"当当"响；怠速突然加速到中速时，有明显连续的"当当"响；当负荷和转速增加时，响声也随之增加，急加速时尤为明显。

（2）故障原因如下。

1）连杆轴承盖螺栓松动。

2）轴承径向间隙过大。

3）轴承烧毁或合金脱落，润滑不良。

6 正时带和正时链异响

（1）正时带异响特征：当发动机低速运转时，在发动机上部偏前有一种类似气门脚响的声音，随着转速提高响声减弱或杂乱；冷车、热车变化不大；通过调整气门间隙，响声仍不消失；当手触摸到正时齿轮盖时，有振动的感觉；正时皮带上淋一点水时，异响瞬间消失。

（2）正时带或正时链条异响的主要原因如下。

1）张紧器失效导致正时带或正时链条抖动产生撞击异响。

2）张紧轮轴承异响。

3）张紧器过紧，造成正时带或正时链条异响。

4）正时链条磨损或正时带磨损造成异响。

7 手动变速器低速异响

（1）故障特征：变速器检查低速时是否发出爆震声。

（2）可能的故障原因和故障排除如下。

1）更换磨损的驱动桥等速万向节。

2）更换磨损的半轴齿轮毂。

8 手动变速器加速异响

（1）故障特征：检查加速或减速时是否有沉闷的金属声。

（2）可能的故障原因和故障排除如下。

1）紧固松动的发动机支座。

2）更换磨损的驱动桥内侧万向节。

3）更换壳体中磨损的差速器锥齿轮轴。

4）更换壳体中磨损的半轴齿轮毂。

5）检查是否在转弯时出现沉闷的金属声（嘎啦嘎啦）。更换磨损的外等速万向节。

9 手动变速器振动异响

（1）故障特征：车行驶有振动伴有"咣咣"的响声。

（2）可能的故障原因和故障排除如下。

1）更换粗糙的车轮轴承。

2）更换弯曲的车桥半轴。

3）更换车桥驱动轴中磨损的等速万向节。

10 手动变速器空挡异响

故障特征：在发动机运行时，检查空挡是否有异响（是否有"嗡嗡"声音）。

11 底盘异响

经常行驶颠簸的路面、保养较差的车上比较容易出现底盘异响，一般在起步或者制动时更明显。通过紧固或更换螺栓螺母可以解决问题。有些新车上也会出现此类现象。

维修图解

如上海大众某款车型在转向时有"咔哒"声，很多是由前减振器固定螺母松动引起的，因为螺母松动，减振器在悬挂内就有了间隙，同悬挂套筒内壁撞击而产生异响，见图6-6。

图 6-6　副车架螺栓和下支臂螺栓

12　传动轴万向节损坏的异响

维修图解

　　传动轴万向节出现故障，车辆在行驶中，特别是急加速和转弯时，会发出尖锐的"嘎嘎嘎"声音。一般是因为万向节游隙过大或发卡造成的，这种情况多数是由于防尘罩破裂未及时维修而引起的，见图 6-7。

图 6-7　万向节防尘套损坏

> 目测万向节防尘罩破裂,行车转向时,尤其是转大弯度时,会发出清脆尖锐的"嘎嘎"声音。

13 离合器异响

异响特征:汽车离合器分离或接合时发出不正常的响声,一般会有"沙沙"的异响声,或者会有间断的碰撞声。

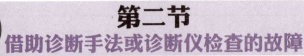

第二节 借助诊断手法或诊断仪检查的故障

 一、借助故障诊断仪执行故障检查

借助故障诊断仪分析数据流，判断故障原因，排除故障。列举典型案例说明如下。

1 故障概况

（1）例如，一辆 2007 年帕萨特领驭 1.8T，车怠速抖动。
（2）发动机进气管严重漏气导致故障产生。

2 故障分析和检测

执行故障诊断仪检测发动机数据流步骤如下。
（1）读取数据流发现，2 组数据（图 6-8）在正常范围内。
1）15、16 组数据，显示各缸均有程度不同的失火数。31 组 1 区值为 1.78，2 区值为 1.00（图 6-9）。
2）33 组 1 区短期燃油修正量为 25.0%，2 区前氧传感器 G39 信号电压为 2.560 V（图 6-10）。
3）32 组 1 区长期燃油修正量怠速值为 9.0%，2 区长期燃油修正量部分负荷值为 16.5%。

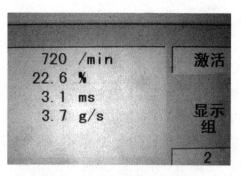

图 6-8 检测诊断数据（一）

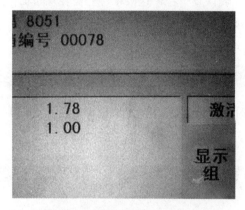

图 6-9 检测诊断数据（二）

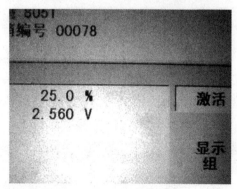

图 6-10 检测诊断数据（三）

（2）将发动机怠速提高到 2000 r/min 时，发动机运转趋于平稳，此时过量空气系数的实际值为 1.12，G39 的信号电压为 1.650V，短期燃油修正量为 10.5%。

（3）由上述数据可以看出，发动机低速时混合气过稀，高速时接近正常，判断是进气歧管漏气。于是脱开与节气门连接的软管，用手堵住节气门入口，发现发动机不仅没有熄火，运转反而变得平稳了许多。安装复位节气门软管，用夹钳夹紧毗邻进气温度传感器的曲轴箱通风管，怠速运转恢复平稳，这根软管上安装着曲轴箱通风阀，拆下曲轴箱通风阀观察，膜片已破裂，造成进气管严重漏气。

3 故障排除

更换曲轴箱通风阀后试车，怠速运转平稳，故障排除。

二、空调专项检漏

1 肥皂水检漏

向空调系统充入一定压力，再在系统各部位涂上肥皂水，冒泡处即为渗漏点。这种办法依然是目前很多修理厂，尤其是小修店最常见的检漏方法。但是视力范围是有限的，有些漏点未必都能看得到。

2 电子检漏

用探头对着有可能渗漏的地方移动，当检漏装置发出警报时，即表明此处有大量的泄漏。

3 荧光检漏

荧光检漏是利用荧光检漏剂在紫外／蓝光检漏灯照射下会发出明亮的黄绿光的原理，对各类系统中的流体渗漏进行检测的。在使用时，只需将荧光剂按一定比例加入到系统中，系统运作 20min 后戴上专用眼镜，用检漏灯照射系统的外部，泄漏处将呈黄色荧光。

荧光检漏的优点是定位准确，渗漏点可以直接用眼睛看到，使用简单、快捷、方便。

三、测量燃油系统压力

燃油系统是故障率较高的系统，主要故障有油压过低，油压过高，各缸喷油器喷油量不一致，喷油雾化不良等。

维修图解

燃油系统压力过高和过低都会导致发动机故障，应对供油系统进行压力测试，如图 6-11 所示。例如宝来燃油压力在 3.8 ~ 4.2 bar，在这个范围附近也属于正常，大概误差在 0.3 bar 左右。

（1）油压过低的故障表现和原因如下。

故障表现：油压过低时，混合气稀，出现发动机加速不良、动力不足、怠速运转不稳、加速时回火等现象。

故障原因：引起油压低的原因是燃油泵输出油量不足、燃油滤清器阻塞、油压调节值低于规定值等。

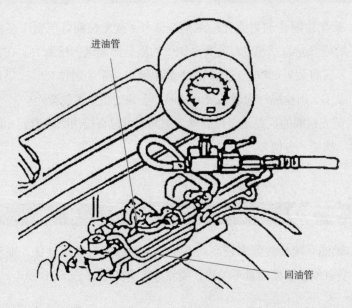

图 6-11 测量燃油压力

（2）油压过高的故障表现和原因如下。

故障表现：油压过高时，混合气浓，出现油耗大、排气管冒黑烟等现象。

故障原因：油压过高的原因是回油管回油不畅、油压调节器调节值高于规定值、调节器真空管漏气等。喷油器堵塞或泄漏会使各缸喷油量不均，例如一个汽缸的喷油器因堵塞导致该汽缸混合气过稀，控制单元感知废气中氧含量增多，会加浓所有汽缸混合气，发动机油耗加大，排放污染物增加，雾化不良会造成混合气无法正常燃烧，爆发力减小，影响发动机运转稳定性。

第三节 难度较大的故障

一、自动变速器故障

1 齿轮机构故障特征

变速器齿轮机构出现问题一般有以下故障表现。

（1）变速器齿轮的啮合和变速器内部轴承异响。

（2）变速器在某挡位内部有撞击响声。

（3）所以挡位连续异响。

（4）汽车行驶中从变速器传出的间歇异响，空挡时正常，高挡时异响明显。

（5）行星排机构属于常啮合齿轮机构，行星排引起的传动比错误的故障一般都是由行星排本身损坏所导致的，尤其是行星排烧蚀的故障多见，因此要注意变速器良好的润滑。

2 液压控制系统故障特征

自动变速器实际故障维修中，液压控制系统出现故障相对较多，尤其是压力异常导致的变速器不能正常工作的情况较多。常见的问题如下。

（1）系统压力偏高时，变速器即会出现换挡冲击的现象。

（2）系统压力偏低时，变速器即会出现打滑烧蚀现象。

（3）润滑压力不正常时，通常会烧损行星排或其他转动部件。

（4）变矩器锁止离合器压力不正常时，变速器通常会出现高温和功率损失现象。

（5）液压控制自动变速器中，如果节气门压力或速控压力不正常，会直接影响变速器的换挡及换挡正时的控制。

（6）自动变速器在倒挡时不走车。

（7）自动变速器无法挂挡。

（8）自动变速器在低速时不能加挡。

（9）自动变速器挂入停车挡时不停车。

（10）发动机无制动。

（11）自动变速器油变色或有焦味。

（12）挂入前进挡或倒挡时不走车。

（13）汽车行驶无力甚至不走车。

（14）自动变速器汽车不能行驶。

（15）自动变速器仅在各前进挡打滑。

3 自动变速器异响

（1）自动变速器异响。

自动变速器异响的部件一般情况是不能够目视观察到的，很难目视找到故障生成部件。与自动变速箱相关的异响，比较复杂，如变扭器、油泵、行星系、轴承、差速器以及装配（装车）错误引起的异响等。

以下列举常见的自动变速器故障特征。

1）该车踩刹车，入前进挡或倒挡时，自动变速箱异响很大，松开刹车异响消失。

2）平稳行驶时，异响消失。

3）在急加油时，异响尤为明显。

（2）变扭器异响。

始终有连续的异响，通常为油泵或液力变矩器异响。

变扭器是由泵轮、涡轮导轮和锁止离合器组成的，动力输出是涡轮。但有一部分自动变速箱采用分流式变扭器，动力输出除了涡轮外，还有泵轮，如奇瑞风云 ZF-4HP14 变速箱。自动变速箱体内的一个离合器总成直接和变扭器的外盖（泵轮）刚性连接，它随着发动机一起旋转（这一点对于判断异响相当重要）。

因为在 P 挡和 N 挡时，整个变扭器（泵轮、涡轮和导轮）一起在旋转，异响有可能在这些挡位中都不存在，但自动变速箱入其他挡位（D、2、L、R）时，踩死刹车，车轮固定不动，变扭器涡轮将固定不动（因为涡轮轴被固定不动），这时，变扭器的涡轮和外盖之间的轴承将工作。若异响在这些挡位中出现，但又不存在于在 N、P 挡，这时应该检查变扭器。变扭器异响有可能随着车子的起步慢慢变小，到平稳行驶时，变扭器内部元件没有相对运动，异响可能消失。

（3）油泵异响。

1）故障特征　油泵异响的规律是异响随着压力变化而变化。如帕萨特 01N 变速箱油泵有异响，把自动变速箱所在的挡位全部入完，并相应改变其发动机转速，如果异响一直都存在的话，我们将可以排除传动机构上的元件产生异响的情况（也就是说该油泵有异响）。

2）故障检查　检查油泵之前，可以通过一些测试来判断，调节主油压，如果异响随着主油压的变化而变化，则说明油泵（包括油泵的输入轴）有故障。对于奇瑞风云 ZF-4HP14 液控自动变速箱，可以通过调节节气门拉线（TV）来判断；对于帕萨特 01N 变速箱，则可以拔掉电磁阀线束来判断（此时油压最大）。

油泵的异响也可能由于油格堵塞造成，可以用油压表来判断这种类型的问题，如果是油格堵塞而造成的油泵异响，当负荷增加引起油压增加时，油压表的指针将会波动很大。

（4）差速器（主减速器）异响。

差速器（主减速器）连接的是半轴/车轮，这种异响随着车速变化而变化，它并不受发动机转速和挡位的影响，仅仅受车速的影响。另外值得注意的是，安装（装车）问题也会造成主减速器异响，故而要认真检查安装问题。

（5）行星齿轮系异响。

这种类型异响往往和挡位有密切的关系。空挡时无异响，则为行星齿轮机构异响。当两个元件同方向、同速度运动时，它们之间没有相对运动，不会产生异响。

行星系主要由太阳轮、行星架（行星轮）和齿圈组成。我们知道挡位的变换是通过改变不同的输入元件和固定元件，得到不同的输出、不同的传动比而获得。前面提及过两个同方向、同速度，没有相对运动的元件不会产生异响。我们知道，在3挡，自动变速箱传动比为1:1，这就意味着在3挡，整个行星系没有产生相对运动的元件，因此，这种异响在3挡将会消失。在1、2、4和R挡，整个行星系的元件将产生相对运动，异响通常在这些挡位中出现。换一句话说，行星系异响与挡位有关。另外，在前进挡或倒挡，踩死刹车时，整个行星系将被固定，没有相对运动，行星系异响将会消失。

4 阀体检查

自动变速器液压控制系统的压力调节阀主要有：主调节阀、第二调节阀、节气门阀和速控阀等。

在自动变速器液压控制系统的检查和维修中，首先要对ATF的油质的进行检查,排除 ATF 可能的问题后,最重要的是对液压控制阀体的检查和清洗。

(1)阀体的拆卸。

阀体的拆卸分解前和拆卸过程中,要清晰的记录阀体的整体结构部位,拆卸时按方向、按顺序平放,防止放错位置,必要时做影像记录,以免安装时出现错误。

(2)阀体的清洗。

拆解阀体和拆卸滑阀时,使用柴油或酒精清洗,这样才能达到良好的清洗效果。

清洗完毕后,用压缩空气将阀体和各个滑阀吹干,同时按方向、按顺序装配,并在装配时在各个滑阀上一定要涂抹一些新的 ATF。

(3)阀体和滑阀的检查。

首先检查各滑阀有无磨损,同时要检查和滑阀相配合的阀孔是否有磨损。对于一些无压力能动作的滑阀要单独仔细检查磨损和泄漏情况,如手控阀、节气阀和低挡阀,可通过压缩空气加压检查其泄漏情况。

二、发动机故障

1 发动机不能启动并且没有任何点火的征兆

维 修 提 示

判断发动机是否能顺利启动,关键看3个因素,即足够的汽缸压力、足够的点火、浓稀合适的混合气。

(1)检查转速信号系统。

(2)检查点火系统。

(3)检查燃油供给系统、燃油泵和控制电路。

(4)检查汽缸压力。

2 发动机有点火征兆但不能着车

(1)执行故障诊断仪检测,观察数据流。检查曲轴位置传感器、冷却液温度传感器等。

(2)执行点火系统故障诊断。检查高压线、火花塞、点火线圈。

(3)燃油系统检查。

(4)进气系统密封性检查。

3 发动机控制系统故障

发动机异响除机械方面原因外,还应考虑电控点火、ECU 控制等方面也会引起异响,主要表现为"回火"和"放炮"两个方面。

(1)启动困难或者根本就不启动。

(2)发动机怠速熄火或者怠速不良。

(3)发动机回火(混合气过浓)或者放炮。

4 活塞销异响

判断方法如下。

(1)转速变化时,响声也随之周期性变化,加速时声响更大,在发动机转速稍高于怠速时比较明显,比轴承响清脆。抖动节气门,从怠速向低速加速时,响声能随转速的变化而变化,且在转速升高的瞬间，发出清脆、连续而有节奏的响声。

（2）温度上升，响声没有减弱，甚至更明显。有时，冷车时响声小，热车时响声大。

（3）单缸断火时，响声减弱或消失。复火时响声会明显出现1声响或连续2声响。严重时，在响声较大的转速下进行断火试验，往往响声不消失且变得杂乱。

（4）用螺丝刀或听诊器抵触在发动机上侧部或汽缸盖上察听，同时变换转速，在汽缸壁上部听诊比在下部明显。若响声不明显，可略将点火时间提前，这时响声会较前明显，特点是上下双响，声音较脆。

（5）根据不同征兆具体诊断如下。

1）若转速越高，响声越大，单缸断火时响声反而杂乱，则故障为活塞销与衬套间隙过大。

2）怠速运转时，响声为有节奏而较沉重的响声，提高转速响声不减，同时伴有机体轻微抖动，断火试验响声加重，则说明活塞销自由窜动。

3）若急加速时声响尖锐而清晰，断火试验响声减轻或消失，则很可能是活塞销折断。

5 活塞环的异响

（1）塞环的金属敲击声。

1）当活塞环折断，或者活塞环与活塞环槽间隙过大时会引起一定的敲击声。

2）汽缸上部磨损后，活塞环与汽缸上接触不到的地方几乎没有磨损形成台阶，如修理不当使活塞环与汽缸台阶相碰会发出一种纯哑的"噗噗"的金属碰击声，随着转速的升高，声响也随之增大。

(2) 活塞环漏气声响。

1) 原因与特征　活塞环弹力减弱使活塞环与汽缸壁密封不严、活塞环的开口间隙过大或开口重叠、汽缸壁划伤有沟槽等，都会造成活塞环漏气。活塞环漏气声响会出现一种空洞的"喝喝"或"吱吱"声响，严重时有较明显的"噗噗"的声响。

2) 判断方法　向汽缸内注入一点点润滑油，若声音降低或消失，但不久后又出现，即说明活塞环漏气。

(3) 活塞环积炭过多的异响。

1) 故障特征　积炭过多时的声响，是一种尖锐的"喋喋"声，发动机有时还不容易熄火停车。

2) 积炭的原因　产生积炭主要原因是活塞环与汽缸壁密封不严，开口间隙大，活塞环装反，开口重叠，使润滑油窜入燃烧室引起的，或者因汽油标号不符合要求，混合气过浓，空气滤清器过脏所导致的。

6 气门漏气异响

(1) 气门漏气原因如下。

1) 气门与气门座圈工作斜面磨损、烧蚀、产生斑点或凹陷、有积炭。

2) 气门杆与气门导管之间间隙过大，气门杆晃动，或气门杆弯曲，气门头部歪斜，导致气门关闭不严。

3) 气门弹簧弹力减弱及失去弹性，或弹簧折断，也可造成气门与气门座之间不能严密配合。

4) 气门间隙小，气门杆受热膨胀后，挺杆与摇臂顶开气门，使气门不能完全关闭而漏气。

(2) 排除方法如下。

在排气消声器部位,如听到有"唏唏"的声音,则表示发动机排气门有漏气现象;而在进气侧听到有"嘘嘘"的声响,则表明发动机进气门有漏气现象。

7 气门弹簧异响

(1)原因 一般气门弹簧采用了防噪声结构,即采用非等距弹簧,也就是气门弹簧全长范围内不等距。非等距弹簧又具体分为对称型和非对称型。有些车型采用内外双弹簧结构,当车辆运行时间较长(150000km以上)时,由于弹簧过度疲劳,会出现疲劳或断裂现象,从而导致气门异响故障发生。

(2)维修事项 当发动机大修或进行气门研磨修理时,应特别注意非对称型不等距弹簧的安装方向。非对称弹簧方向一旦装反,发动机怠速运转时将会工作不稳,高速运转时噪声将会加大,并会伴随有很大的发动机振动异响。

8 积炭造成发动机高速运转时的气门异响

排除和措施:清洗进气道,清洗积炭;加注正规加油站汽油;定期更换燃油滤清器和空气滤清器。

维修图解

当发动机大量积炭时,尤其是进气门杆相对存在大量积炭时,对于多气门结构的发动机,因气门弹簧力有限,发动机在高速运转时,进气门杆积炭会导致气门导管与气门杆摩擦力过大，气门回位速度过迟。加之活塞顶积炭又会造成气门与活塞运动时间隙过小，最终使得活塞顶与气门头部形成撞击，发出活塞和气门异响声。但在发动机处于怠速工况时，由于活塞运动速度相对气门弹簧回位速度较慢，气门一般不会撞击活塞。而当汽缸和进气门积炭较严重时，发动机高速运转，气门便会产生异响。燃烧室和气门上的积炭见图6-12和图6-13。

图6-12　燃烧室和气门上的积炭

图6-13　气门上的积炭

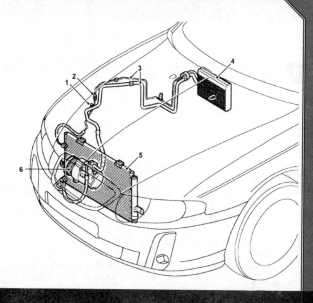

《第七章》
汽车维修工必备的入门知识

CHAPTER 7

一、点火顺序是怎样排列的？

1 直列6缸发动机

直列6缸发动机按照1-5-3-6-2-4顺序排列，直列式5缸发动机的点火顺序是1-2-4-5-3，4缸发动机按照1-3-4-2的顺序点火。

2 V形8缸发动机

V形8缸发动机按照1-5-4-8-6-3-7-2的顺序点火，V形10缸按照1-6-5-10-2-7-3-8-4-9的顺序点火，V形12缸按照1-7-5-11-3-9-6-12-2-8-4-10的顺序点火。

3 8、10、12缸机

8、10、12缸机一般都是V形排列，只不过它的点火顺序与曲柄排列有着紧密联系，点火顺序的选择有很多，它决定了曲轴的结构形式。一般情况下，首先考虑V形发动机的夹角，然后再按照运转的平衡要求决定曲柄排列方式，还要按照轴承的负荷、排气管道等方面来确定点火顺序。既要考虑点火间隔均匀，又要考虑一、二阶惯性力以及力矩的平衡，同时还要考虑发动机的扭转振动等诸多方面。一般情况下，每列缸数为偶数的四冲程发动机采用360°间隔角度、左右列汽缸交叉式点火。

二、什么是发动机闭环控制？

氧传感器将废气中氧的浓度信息反馈给ECU，氧的浓度直接与空燃比相关，浓混合气产生的氧浓度低，稀混合气产生的氧浓度高，传感器测量氧的含量并向控制单元提供可变电压信号，根据该信号，ECU确定氧的浓度水平，并改变喷射脉冲持续时间，以加浓或稀释混合气，这进而导致氧的浓度变化且该循环再次开始，这种由反馈信息和调节组成的持续环路称为闭环控制。

三、什么是失火？

所谓"失火"，通俗讲就是缺缸、断缸、断火、不点火、燃烧不良。从广义上理解为由于可燃混合气配比超差（过浓或过稀）、发动机机械原因、点火系统故障等引起的点火能量小、燃烧质量差、燃烧不完全或完全不燃烧的一种不正常的燃烧状况。给人的感官认识主要表现有发动机着车怠速抖动、加油有"突突"声、急速无力。

车载诊断系统除诊断接口插针布局统一、故障代码标准化外，更重要的是增加了加强对尾气排放的监控，尤其对"失火"故障的定义和对不点火汽缸的识别，这样就又给出了另外一种对"失火"的解释——判断不点火汽缸的探测系统。

OBD-Ⅱ对失火的监控策略分为异常运行方法和力矩分析方法。前者是利用发动机转速传感器计算在做功冲程曲轴标识圆盘的加速度，识别出由失火引起的发动机转速异常，结合霍尔传感器(凸轮轴位置)的信号，发动机控制单元可以识别出是哪一缸失火。后一种也是根据发动机转速传感器和霍尔传感器提供的信号，来识别出哪些燃油供给被切断。

四、什么是缸内直接喷射？

缸内直接喷射是将喷油器安装在汽缸盖上，把燃油直接喷入汽缸内，配合缸内的气体流动形成可燃混合气，容易实现分层燃烧和混合气燃烧，可进一步提高汽油发动机的经济和排放性能（图7-1）。

由于技术的进步现在很多车型也采用缸内直接喷射技术，如大众迈腾、明锐搭载的1.8TSI增压直接喷射技术的发动机。该技术目前被广泛应用。

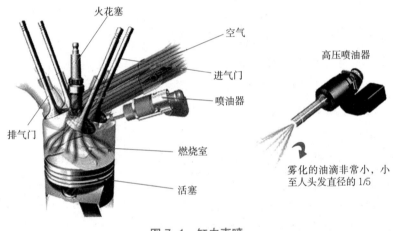

图 7-1　缸内直喷

五、什么是空燃比控制？

活塞运动所产生的能量的大小和作用在活塞顶的压力有关，活塞顶上压力的大小取决于燃烧过程产生的热量，空气和燃料的完全燃烧能够获得最大热量。

为了完成燃烧过程，必须有以下四个要素。

（1）正确数量的空气。
（2）正确数量的燃油。
（3）在一个密封的容器中进行混合。
（4）这种混合气必须在合适的时刻受到足够数量的热量冲击。
虽然还有其他因素影响燃烧过程，但这四个要素是最重要的。

空燃比不仅是影响发动机性能的主要因素，它也是影响发动机以下三种污染物的生成量的主要因素。这三种污染物分别是：碳氢化合物（HC）、一氧化碳（CO）和氮氧化物（NOx）。这几种污染物都是由于不合适的空燃比所产生的。所以维持合适的空燃比是排放控制系统设计的主要目标，因此出现了今天的计算机控制燃油喷射系统。

六、发动机油有哪些作用？

润滑系统（供油系统）主要用于为发动机内所有需要润滑和冷却的部位提供机油，同时润滑系统也有清洁、密封、防蚀的作用。

（1）润滑作用　润滑油不断地供给各零件的摩擦表面，形成润滑油膜，减小零件的摩擦、磨损和功率消耗。

（2）清洁作用　润滑系统通过润滑油的流动，将摩擦副中的杂质冲洗下来，带回到油底壳。

（3）冷却作用　润滑油流经零件表面，吸收其热量并将部分热量带回到油底壳散入大气中，起到冷却的作用。

（4）密封作用　润滑油可以补偿零件表面配合的微观不均匀性。例如，可以减小汽缸的漏气量，增大了压力，起到密封作用。

（5）防蚀作用　在零件表面形成油膜，防止零件生锈。

七、ATF 的作用和功能是什么？

1 ATF 的主要功能

自动变速器油（Automatic Transmission Fluid）简称 ATF，是指专用于自动变速器的油液。ATF 对自动变速器的工作、使用性能以及使用寿命都有非常重要的影响。汽车自动变速器保养的主要内容就是对 ATF 的检查和更换。

在自动变速器中 ATF 主要有下列功用。

（1）通过液力变矩器将发动机动力传递给变速器。

（2）通过电控、液控系统传递压力和运动，完成对各换挡元件的操纵。

（3）冷却，将变速器中的热量带出传递给冷却介质。

（4）润滑，对行星齿轮机构和摩擦副强制润滑。

（5）清洁运动零件并起密封作用。

2 ATF 的特性

（1）较高的黏温性　黏度过大或过小都会使变速器传动效率下降，而黏度又随温度而变化。因此，要求 ATF 低温时黏度不要太大，高温时黏度不能太小。

（2）较高的氧化安定性　自动变速器在工作中其离合器等零件温度高达 300℃，在高温下油液与空气作用生成一种胶质黏附在阀体及各运动零件上，影响系统的正常工作。因此，要求 ATF 具有较高的氧化安定性。

（3）防腐防锈性　零件的腐蚀或锈蚀，会造成系统工作失灵，以至损坏。

（4）良好的抗泡沫性　油液中的泡沫影响传动油的正常循环，并有可能使各挡离合器一直处于不能彻底分离或不能完全结合的状态，使自动变速器无法正常工作。

（5）抗磨性　要求ATF既能良好地润滑各运动副，但摩擦系数又不能太小，否则离合器将难以接合。

（6）剪切稳定性　液力变矩器中，传动油受到强大的剪切力，如果油的剪切稳定性差，变矩器则会出现打滑现象，降低了变矩器的传递效率，还会出现换挡不平稳、脱挡等故障。

八、制动液的指标和特性是什么？

注意：维修中切勿随意添加与指标不一致的制动液。

1 性能指标

我国现行的制动液标准共有14项技术指标要求，分别是外观、平衡回流沸点、湿平衡回流沸点、运动黏度（100℃、-40℃）、pH值、液体稳定性、腐蚀性、低温流动性和外观、蒸发性能、溶水性、液体相容性、抗氧化性、橡胶相容性、行程模拟性能。

2 制动液特性

（1）在高温、严寒、高速、湿热等工况条件下保证灵活传递制动力。

（2）对制动系统的金属和非金属材料没有腐蚀性。

(3)能够有效润滑刹车系统的运动部件,延长刹车分泵和皮碗的使用寿命。

3 对制动液的性能要求

(1)黏温性好,凝固点低,低温流动性好。
(2)沸点高,高温下不产生气阻。

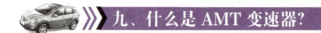

九、什么是AMT变速器?

1 概述

AMT是英文Automated Mechanical Transmission的缩写,中文译为自动机械式变速器,即电控机械式自动变速器,AMT变速箱是在传统的手动齿轮式变速器基础上改进而来的,它糅合了AT和MT两者优点的机电液一体化自动变速器。它将手动变速器的离合器分离及换挡拨叉等靠人力操纵的部件实现了自动操纵,即通过电动或液压动力实现。驾驶员操纵起来和自动变速器是一样的,这样就实现了手动变速器的自动化,即汽车电控机械式自动变速器。

2 AMT电控系统组成

(1)执行机构,包括电动机(步进电动机和直流电动机)、电磁阀(普通电磁阀和高速电磁阀)、液压缸(离合器动缸和选、换挡油缸)等。

（2）传感器，包括速度传感器（发动机转速传感器、输入轴转速传感器、车速传感器）、油门开度传感器、挡位传感器等。

（3）电控单元（ECU）。

维修图解

AMT 是在普通手动变速器的基础上，主要对变速箱壳体、拨叉、换挡轴、换挡等，改变机械变速器换挡操纵部分进行优化设计，即在总体传动结构不变的情况下通过加装电子控制的自动操纵系统来实现换挡的自动化（图 7-2）。

主要是在发动机控制单元 ECU 和变速器控制单元 TCU 的控制下，由液压泵驱动液压油提供动力，液压油进入选换挡机构和离合器阀体中，实现选挡、换挡和离合器的分离结合。

图 7-2　AMT 变速器（雪佛兰赛欧）

十、什么是 DCT 变速器?

DCT 变速器（Double-clutch Gearbox）即双离合变速器，在大众车系中也称直接换挡自动变速器（DSG）。

DCT 可以形象的设想为将两台变速箱的功能合二为一，并建立在单一的系统内。DCT 内含两台自动控制的离合器，由电子控制及液压推动，能同时控制两组离合器的运作。当变速箱运作时，一组齿轮啮合，而接近换挡之时，下一组挡段的齿轮已被预选，但离合器仍处于分离状态；当换挡时一台离合器将使用中的齿轮分离，同时另一台离合器啮合已被预选的齿轮，在整个换挡期间能确保最少有一组齿轮在输出动力，令动力没有出现间断的状况。

维修图解

（1）双离合器变速器（DCT）仍然像手动变速器一样是由众多齿轮、同步器、液压控制单元、电子控制单元和各轴等部件组成的，速比变化靠计算机控制来实现，而且各挡速比是固定不变的（图 7-3）。

图 7-3　DCT 变速器

（2）无论6挡DCT变速器还是7挡DCT变速器，它们的基本原理是一致的，简单地说，就是将两套变速系统合二为一。

（3）DCT变速器包含智能电子液压换挡控制系统、双离合器、双输入轴和三个驱动轴等核心环节，它们共同完成复杂的换挡过程。

十一、什么是CVT变速器？

无级自动变速器（CVT）是一种采用主动与从动带轮以及钢带的电控自动变速器，它具有无级前进挡变速和二级倒挡变速功能，装置总成与发动机直列布置。

无级变速器只需两组变速滑轮就能现实无数个前进挡位的速比变化，允许其在最大速比点到最小速比点之间做无级调节，它的速比变速是连续性的，不是固定不变的，只有倒挡的传动比是固定不变的。

CVT采用传动带和工作直径可变的主、从动轮相配合传递动力（图7-4）。没有传统变速器换挡时那种"停顿"的感觉，从而得到传动系统与发动机工况的最佳匹配。

图7-4　CVT变速器

维修图解

奥迪 Multitronic 01J 无级变速器，如图 7-5 所示。为消除发动机与变速器之间的摩擦损耗，发动机与 CVT 之间是以飞轮减振装置代替一般液力自动变速器的液力变矩器，其动力输出采用行星齿轮系统及两组湿式可变压力油冷式离合器，压力可随发动机输出转矩大小而改变。可变压力油冷式离合器具有软连接的功能，能满足车辆起步、停车和换挡的需要。

当前进离合器接合时，行星齿轮系统太阳轮的钢片与行星架的摩擦片接合成一体，与发动机同步，由行星架将动力输出至辅助减速机构；当倒车离合器接合时，齿圈的摩擦片与变速器壳体的钢片结合，齿圈被固定，太阳轮将动力传递给行星架。

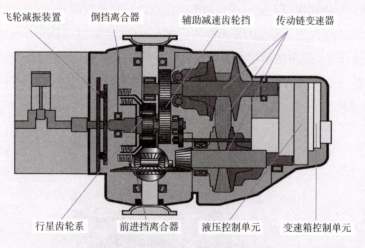

图 7-5 奥迪 01J 无级变速器组成

十二、什么是 AT 变速器？

电子液压式多挡位自动变速器(AT)是目前应用最广泛、技术成熟的自动变速器。按照控制方式的不同，液力自动变速器可以分为液控液力自动变速器和电控液力自动变速器，目前轿车上都是采用电控液力自动变速器。

维修图解

AT 变速器由复杂的行星齿轮组和诸多的换挡执行元件组成（图 7-6），自动变速器速比变化虽然是自动实现的，但各挡速比也是固定不变的。

图 7-6　AT 自动变速器

1 自动变速器组成（图 7-7）

（1）动力传递系统　动力传递系统（液力变矩器）起到连接发动

机与自动变速器的作用。

（2）齿轮变速系统　齿轮变速系统（行星齿轮机构）主要用来改变汽车的行驶速度和行驶方向。

（3）液压控制系统　液压控制系统则是把油泵输出的压力油调节出不同的压力并输送至不同的部位以达到不同的液压控制目的。

（4）电子控制系统　电子控制系统通过监控汽车的整体运行工况实现自动变速器不同功能的控制。

（5）冷却控制系统　冷却控制系统是为了使自动变速器始终保持在一个合理的工作温度。

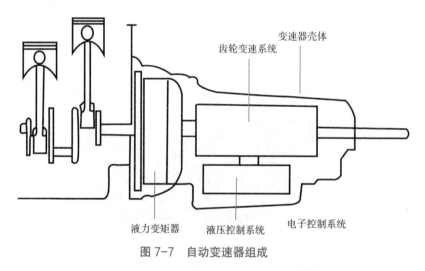

图 7-7　自动变速器组成

2 自动变速器控制

（1）电子控制自动变速器是通过各种传感器、开关，将发动机转速、节气门开度、车速、发动机冷却液温度、自动变速器油温度等参数转变为电信号并传递给控制单元。

（2）控制单元根据这些信号，按照设定好的换挡规律、锁止规律及其他控制规律等，向换挡电磁阀、TCC电磁阀、油压电磁阀等发出电子指令信号。

（3）换挡电磁阀、TCC电磁阀、油压电磁阀再将控制单元的电子控制指令信号转变为液压控制信号，液压控制阀体中的各个控制阀根据这些液压控制信号，控制换挡执行机构、闭锁离合器执行机构的动作，从而实现自动换挡、自动闭锁和自动油压调节控制。

参考文献

[1] 周晓飞. 看图学汽车维修技能 [M]. 北京：化学工业出版社，2011.
[2] 周晓飞. 教你成为一流汽车维修工 [M]. 北京：化学工业出版社，2012.